ご利用前に必ずお読みください

本書は投資の参考となる情報提供、技術解説を目的としています。投資の意思決定、最終判断はご自身の責任において行ってください。

本書に掲載した情報に基づいた投資結果に関しましては、著者および株式会社ソーテック社はいかなる場合においても責任は負わないものとします。また、本書は執筆時点（2018年8月現在）の情報をもとに作成しています。掲載情報につきましては、ご利用時には変更されている場合もありますので、あらかじめご了承ください。

本書の制作にあたっては、正確な記述に努めていますが、内容に誤りや不正確な記述がある場合も、著者および当社は一切責任を負いません。

以上の注意事項をご承諾いただいたうえで、本書をご利用願います。

※本文中で紹介している会社名は各社の商標登録または商標です。
　なお、本書では、©、®、TMマークは割愛しています。

はじめに

　この度は本書を手に取っていただきましてありがとうございます。
　本書は、投資初心者の前田夫婦を生徒役にして、投資信託で資産を形成していくために必要な知識、考え方を解説した本です。

　投資信託はプロに任せるから安心と考えていませんか？
実は、これはとても危険な考え方です。ほったらかしにしておいた結果、「1000万円がたった300万円になってしまった……」といった悲惨な事態を見たことさえあります。

　日々の生活の10円、100円、1000円の違いに敏感な人でも、何故か『投資』となると他人任せになってしまう人がいますが、これはいけません。投資でのちょっとした違いはそれこそ何万円、何十万円にもなるのです！！

　投資信託はまとまったお金を運用するのにも、また老後資産を形成するためにも最適な金融商品と言えます。
今資金がなくても構いません。これまで投資で失敗してうんざりしていても構いません。できるだけラクしてトクしたいという動機で構いません。

　まずは本書で、投資信託に投資するのに必要な基礎知識と考え方を学習してみてください。
本書の書籍代とちょっとした勉強が、きっと老後人生を大きく変えることになるはずです。本書が読者のお役に立てれば幸いです。

梶田洋平

CONTENTS

はじめに 3
CONTENTS 4
本書の構成 8

投資信託ってどんなもの？

1-01	銀行でお金は増えない。でも、投資信託は怖い？	10
1-02	投資信託で資産は形成できる！	15
1-03	投資信託は詰め合わせでできている	18
1-04	投資信託によって詰め合わされたものが違う	22
1-05	投資信託に組み込まれている金融商品ってどんなものがあるの？	25
1-06	少ない金額からはじめられて運用はプロがしてくれる	30
1-07	投資信託は万能ではない	33
1-08	投資信託は「どうやって」「いつ」儲かるの？	37
1-09	投資信託運用には3種類の会社が関わっている	43

投資信託でのお金の殖やし方を勉強しよう

2-01	投資信託の「攻め」のコツは「複利」と「期間」	50
2-02	投資信託の「守り」のコツは「分散」	55
2-03	投資信託の価格「基準価額」と「純資産総額」って何ですか？	59
2-04	投資スタートまでの流れ	66

CONTENTS

3日目

投資信託の種類を勉強しよう

3-01	投資信託の種類は「運用手法」と「運用対象」で覚える	70
3-02	［投資信託の運用手法 ①］ 指数に連動するインデックスファンド	71
3-03	［投資信託の運用手法 ②］ プロにおまかせのアクティブファンド	75
3-04	アクティブファンドとインデックスファンドを 比較しよう	80
3-05	［投資信託の運用手法 ③］ ファミリーファンド	85
3-06	［投資信託の運用手法 ④］ ファンドオブファンズ	86
3-07	投資信託は「地域×投資対象」で選ぶのが基本！	87
3-08	「分散型（バランス型）投資信託」ってなに？	101
3-09	「ファンドラップ」ってなに？	105
3-10	名前からどんな投資信託か見えてくる	107
3-11	毎月分配型の投資信託、本当に儲かっている？	108
3-12	「通貨選択型」に注意しよう	113
3-13	その他の投資信託いろいろ	116
3-14	投資信託を勉強するのに便利なサイト	119

CONTENTS

投資信託の選び方

4-01	投資信託にかかるお金とは？ 3大コストを理解しよう。	124
4-02	リスクを知っておこう	131
4-03	儲かりそうなパンフレットには注意！	139
4-04	基準価額と純資産総額の推移をチェックしよう	144
4-05	月次レポート（マンスリーレポート）を見よう	152
4-06	目論見書を見てみよう	159
4-07	一歩上級者へ！ シャープレシオ	161

投資信託の買い方

5-01	投資信託は一括でも積み立てでも買える	166
5-02	自動積み立て（ドルコスト平均法）で着実に儲ける？	169
5-03	ポートフォリオの考え方	174
5-04	ポートフォリオの例	180
5-05	王道の資産形成とは？	184
5-06	口座開設について	192
5-07	NISA口座を活用しよう	195
5-08	つみたてNISA口座について	203

CONTENTS

6日目

それでも多い！投資信託で失敗しました…。

- 6-01 ［失敗パターン1］本能のままに取引してしまう……… 214
- 6-02 ［失敗パターン2］人の意見に左右されて失敗 ……… 218
- 6-03 ［失敗パターン3］人気商品に飛びついて失敗 ……… 220
- 6-04 ［失敗パターン4］
  『よくわからない』に投資して失敗 ……… 222
- 6-05 ［失敗パターン5］
  最初に計画を立てず値動きに振り回されて失敗 ……… 225
- 6-06 ［失敗パターン6］突然の繰り上げ償還!? ……… 227

7日目

iDeCoを使ってみよう

- 7-01 老後のための投資なら「iDeCo」………………… 230

おわりに ……………………………………………… 234
INDEX ……………………………………………… 236

本書について

本書では、投資初心者の前田夫妻と一緒に全7日間のカリキュラムで投資信託を学んでいきます。

登場人物

梶田先生
ド素人の前田夫妻に投資信託を教えてくれる投資学習の先生。丁寧でわかりやすい解説が得意

前田夫妻
これまで普通預金しかしたことない、投資のトの字も知らないド素人。
老後の不安や5歳の息子の将来のために投資を考えはじめ、梶田先生に相談しに来る

妻・あき子さん(35)
しっかりもので明るい性格。やや心配性な一面も。

夫・ヒロシさん(42)
優柔不断でおっとりした性格。意外に大胆な面も。

本書の主な対象者

- これまでお金について何も考えてこなかった方
- 資産運用を検討している方
- これから投資信託を始めようという方
- 既に投資を始めているが、自己流で正しい投資ができているのかわからない方

投資信託ってどんなもの？

投資信託は銀行や証券会社、郵便局などで気軽に買うことができ、注目を集めています。
銀行の金利が低いこともあり、少しでも利益になれば……と考えて始める人が多いようです。
でも、投資信託は元本保証ではありません。
本書で、投資信託で着実に資産を殖やすための知識をしっかりとつけていきましょう。

1-01 銀行でお金は増えない。でも、投資信託は怖い？

■銀行に100万円を預けても100円の金利しか貰えない

お二人はなぜ、投資信託に興味を持ったのでしょうか？

今まで投資をしたことはありませんが、将来は年金が不安…とかよく聞くじゃないですか。
ママ友たちも投資してるって言ってるのに、うちは何もしてないし、これでいいのかな～って漠然と不安なんです

そうですか。
では、今はお金は貯金しているんですよね？
現在の銀行の普通預金の金利がどれぐらいかをご存知ですか？

0.1％を切っているのは覚えていますが、低すぎてほぼ0％のイメージです

そうですね。
ある大手銀行の普通預金の金利は現在0.01％程度になっています。

例えば、金利0.01％で100万円を預けた場合、1年後にいくらぐらい受け取れることになるかわかりますか？

100万×0.01だから……え〜っと……100円？

その通り。100円です。さらにここから税金が引かれてしまうんです。
これは時間外に引き出したら手数料でなくなってしまう金額です

■銀行預金の金利の推移を見てみよう

金利と聞くと何を思い出すでしょうか？

人によっては「銀行預金の金利」を思い出すかもしれませんし、マイホームを買ったことがある人は「住宅ローンの金利」を思い出すかもしれません。

銀行預金の金利は受け取ることができる金利ですが、住宅ローンの金利は支払わなければいけない金利です。

受け取るお金は多い方がよいですし、支払うお金は少ない方がいいので、**金利も同じように受け取りは高金利、支払いは低金利を目指すべき**です。

ですが、実際にはお金を預けて受け取る金利はかなりの低金利になっています。

では、ここ30年程の銀行預金の普通預金と定期預金の金利の推移を見てみましょう。

普通預金とは、自由に引き出したり預けたりできる預金です。通常の銀行口座を想像してもらえれば大丈夫です。

クレジットカードや水道料金の引き落としなどに使っている口座ですね。

一方の定期預金は一定期間引き出すことができない口座のことを言います。

一定期間とは1か月のこともあれば、1年～10年と長いものもありますが、自由に引き出すことに制限がある一方で、普通預金よりも高い金利が設定されています。

え…定期預金でもこんなに低金利なんですか…

昔は普通預金の金利でも2％あったこともあるんですね

そうですね。
それぐらいの金利であれば預けておくのもいいかもしれませんが、現在は普通預金はもちろん、定期預金でも0％に近い金利になっていて、受け取る利息はわずかなのが現状です

　銀行預金の金利は2018年現在、0.01％程度とほとんど受け取る金利がないのが現状です。

100万円預けても1年で100円ということを考えると、**銀行預金はお金を殖やすために適しているとは言い難い**わけですね。

「銀行預金はお金を殖やすために適しているとは言い難い」かぁ…
薄々感じてたけど、やっぱりそうなんですね

■ 投資信託は怖い？

預金ではお金は殖えない。
わかってはいるけど、私たちじつはちょっとしたトラウマがあって

トラウマ？

実は、実家の母が昔、投資信託で大損をしてしまいまして……　ちょっと怖いイメージがあるんです

それは大変でしたね。
お母さんは、どんな投資信託を買ったのでしょうか？

なんか、海外のなんかで…金利がアレだから、
…えーと……

お母さんも、きっとよくわかっていないまま買ってしまったんですね。
そこに**投資信託の怖さ**があります

「投資信託を買ってみたけど、知らない間に大きな損失になってしまっていた」という人がけっこうな数います。
なぜそうなってしまうのでしょうか？

知識のないまま投資信託をはじめた人は失敗する

投資信託で失敗する理由の一つに考えられるのは**金融機関の営業マンに勧められるままに購入して損失になってしまった**というパターンです。

低金利のこの時代、資産を預金として預けていてもお金が増えないのは自明の理です。だからこそ「少しでも儲かる商品で運用しませんか」という誘い文句にはつい乗りたくなってしまうのも心情でしょう。

でも、勧められた商品がどんなものなのか本当に理解しているのでしょうか。
「勧められるがまま購入したらいつの間にか大きな損失になっていた」「しかも勧めてくれた営業マンは既に転勤になっていた……」実はこんなことがよくあります。

もう一つの失敗する大きな理由は、**買った後の経緯を見ずにほったらかしにしていた**というパターンです。
投資信託を買ったなら、その後の運用の成績のチェックは必要です。しかし、それをせずにほったらかしにしてしまう人がたくさんいます。
ものぐさでそうしてしまう人も居ますが、そもそも多くの場合、そのチェックの方法も知りません。

つまり、**失敗する理由は「知識不足」から来る**ものです。知識があれば営業マンがおすすめする投資信託がどんなものかもわかり、運用してくれるプロを選ぶ『目』も養われます。

本書では、投資信託のしくみから、選び方、買い方までしっかり解説します。
ゆっくり少しずつでいいので最後まで一緒に勉強してくださいね

1-02 投資信託で資産は形成できる！

■ 資産は「形成する」と考える

先生に投資のことを聞いておいて申し訳ないのですが、実は僕たち、お金があんまりないんですよ……なんかすみません

夫である僕は、今年42歳になるのですが、新聞で見たところ、**同世代の平均世帯貯蓄額は600万円らしい**です。
うちの家はその半分くらいしかなくて…

ふむふむ……。
お話を聞いていると、そんなに悲観的になる必要はないと思いますよ。貯蓄額だって、お子さんがいるなら、そんなに少ないとは思いません

資産がある人もいれば資産がない人もいます。次の表を見てみてください。これは、年代別に見た平均貯蓄額です。

年代別平均貯蓄額

年代	貯蓄のない世帯	平均値	中央値
20代	41.0%	183万円	30万円
30代	34.2%	415万円	130万円
40代	30.4%	614万円	300万円
50代	29.5%	1,124万円	408万円

(出典) https://allabout.co.jp/gm/gc/18693/

いかがでしょうか？　平均値というのは、大きな資産を持っている人がいると数値が上がってしまうものです。中央値を見るとどうでしょう？　ヒロシさんの貯蓄額と同じですね。

20代、30代、40代の働き盛りの世代では、収入を得てもそれを貯蓄などの資産に回すことができていない世帯が多いという現状が読み取れますね

うちの貯蓄額は中央値付近だったのは、安心しましたが……
やっぱり「資産」と呼べるようなお金はないのが現状ですね。この貯蓄額で"投資信託で資産運用したい"なんてお願いして、お恥ずかしいです

いえいえ、そんなことはありません。
「資産運用」という言葉を聞くともともと資産がある人のための投資のような気がしますが、
投資信託にはこれから資産を形成する人にも有効に活用できるんです

　投資は貯蓄額に余裕のある60代以上の人ばかりを対象にしていると思われる人も多いかもしれませんが、実際はそんなことはありません。

　実は、**資産運用と資産形成は考え方が少し異なります。**

　資産運用に適している金融商品や投資方法がある一方で、**資産形成に適している金融商品や投資方法もまたあるのです。**
　前田夫妻のように、**今現在大きな資産がないからと言って、投資を諦める必要は全くありません。**

　それどころか、今資産がないからこそ、将来に備えて資産形成を始めていく必要があると言えるのです。

今資産がない人だからこれからお金を作るという考え方があるのね。
お金が少ない我が家でもはじめられると聞いて、安心しました

そうですね。
詳しくは後々解説しますが、**投資信託は少額からはじめられるのが大きなメリット**です。
月々数千円から資産形成することも可能ですよ

え！ そんなに安くから？
それは今すぐはじめたいですね。数千円なら、今すぐ出せますし

おっと、それはいけません。
投資信託で失敗する人の多くは「簡単そう」「儲かりそう」と、しくみを理解しないまま、適当に投資している人ですよ

Column 銀行口座が安心？

ペイオフという制度により、仮に銀行がつぶれたとしても銀行預金で預けているお金のうち 1,000 万円とその利息は戻ってきます。

そうなると 1 つの銀行口座に預けるお金は 1,000 万円までにしようと考えるのが普通ですね。

銀行も 1,000 万円以上の金利が高い定期預金などを用意して、たくさんのお金を預けてもらうために工夫しているようですが、銀行がつぶれたら 1,000 万円とその利息までしか戻ってこないのなら、1,000 万円を超える金額については投資信託での運用を考えるのも一手でしょう。

1-03 投資信託は詰め合わせでできている

投資信託はお金を投資して運用するんですよね

そうですね

投資して運用というと、株式投資とか不動産投資とかが有名だと思うんですが、それに比べて、**投資信託の特徴って何**なのでしょう？

たしかに。投資信託ってよく聞くけど、株や不動産と違って、実態がよくわからないなぁ

ではまず、投資信託はどうやってできているかからお話ししましょう。
ちなみに、あき子さんは、**バイキング**はお好きですか？

はい！ 大好きです。
ママ友とよくランチ会しに行きます。

和洋中いろんな食べ物をちょっとずつ食べられるからお気に入りです

わかります。楽しいですよね。
それと同じことが、投資信託でも言えるんです

投資信託もバイキングと同じように、色々な金融商品を詰め合わせてできています

■ 投資信託はバイキングのようなもの？

バイキングとは、好みの料理を選んで楽しめる料理スタイルです。

揚げ物や煮物、焼き魚やお肉、果物、サラダ……色々なものを少しずつたくさんの種類を食べられる点が魅力です。

仮にどれか一つの料理が口に合わなくても、全体としては満足できることも多いでしょう。

バイキングに行かず、かつ丼を食べに行った場合と比較してみましょう。そのかつ丼がおいしければ大きな満足を得られますが、もし口に合わなかったら？　とても不満の残る『一食』になってしまいますよね。

投資信託はバイキングのようなものと考えることができます。
投資信託は、さまざまな株や債券、不動産などの詰め合わせでできている金融商品だからです。

例えば「ひふみ投信」という投資信託があります。

この投資信託には、AmazonやVISAといった世界的な企業、ガンホーなどの国内の成長企業、九電工といった売り上げの大きな企業など様々な企業が含まれています。

もちろん含まれる会社の株を個別に買うこともできますが、詰め合わせにすることによって、**仮に一つの企業の業績が悪くなっても、他の企業が好調であればトータルでは利益を得られる**可能性もあります。

投資信託は、バイキングみたいなものなんですね。バイキングでたくさんの種類を食べるのが大好きな私としては、投資信託に親近感を持ちますね

「おいしいものもあれば、一方で口に合わないものもあるかもしれない。でも、**全体として満足できる結果を狙う**」という考え方は、バイキングと投資信託に共通していますよ

たしかに、バイキングでは1つの料理がまずくても他に美味しいものがたくさんあれば、トータルで満足しますよね

その考え方を、投資の世界では「**分散投資**」と言います。
分散投資とは、**投資先を複数にすることでトータルで大きな損失になってしまう危険性を減らす考え方**です。
投資において大切な考え方になるので、本書でも何度も出てきます。覚えておいてくださいね

■ 卵は一つのカゴに盛るな

投資運用の格言に「**卵は一つのカゴに盛るな**」というものがあります。

これは、カゴを投資対象と考えた場合、大切な卵を一つのカゴに入れてしまうとそのカゴが壊れた時に卵をすべて失ってしまうから、複数のカゴに分散させて保管しましょうという格言です。

例えば、2011年の震災後、東電の株価が暴落しました。

震災前までは、東電の株を保有することは比較的安全と見られる傾向にありました。電力というインフラを考えれば、そう考えるのもおかしい話ではないでしょう。

しかし、震災前に2,000円以上していた東電の株価は震災後、最も低い時には120円まで下落してしまったのです。

もし、資産をすべて東電の株式として保有していたらと考えると怖いですよね。**大切な卵は一つのカゴに盛ってはいけない**のです。

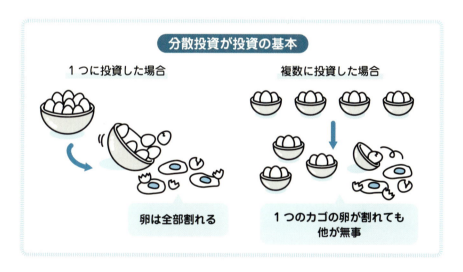

■投資信託は勝手に分散投資されている

投資信託は、色々な投資対象の詰め合わせでできている性質上、危険性を減らしながら投資していると考えることができます。
1つの投資信託に投資しているつもりでも、その中で勝手に分散投資されているのです。

これは1つの株だけを買っていた場合では得られないメリットです。

1-04 投資信託によって詰め合わされたものが違う

投資信託は色々な金融商品の詰め合わせだから分散投資できている……勉強になるな〜

投資信託によって、詰め合わされている中身が違うんですよね？

そうですね。
日本の株をたくさん詰め合わせていたり、海外の不動産を詰め合わせていたり…いろんな投資信託があるんですよ

■詰め合わせる内容は各投資信託によって違う

投資信託には様々な金融商品が含まれています。
　それこそ、一つの投資信託には数十〜数百、場合によっては数千もの金融商品が含まれているケースも珍しくありません。

　実際の投資信託を例に挙げてみてみましょう（2018年8月31日現在）。

　19ページにも登場した「ひふみ投信」という投資信託にはどんな株式が含まれているでしょうか。
　組入上位銘柄（投資信託の中身の中で特に投資比率が高い銘柄） を見てみると、以下の銘柄が含まれているのがわかりました。

- Amazon
- VISA
- Microsoft
- 光通信
- コスモス薬品
- 協和エクシオ
- 東京センチュリー

上位は日本でもおなじみとなっている米国の企業の株式がありますが、日本の国内の株式もたくさん含まれていることがわかります。

続いて「EXE-i 先進国株式ファンド」の投資信託の上位組入れ銘柄を見てみましょう。

- アップル
- マイクロソフト
- Amazon
- アルファベット
- フェイスブック

米国の株式が上位を占めているという点では先ほどのひふみ投信と同様ですが、銘柄は若干違うことが分かりますね。

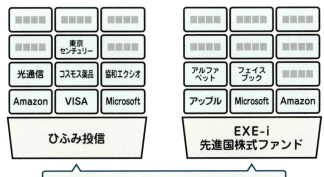

投資信託によって詰め合わせの中身が違う

投資信託はいろいろな金融商品の詰め合わせですが、詰め合わせ方はそれぞれ異なります。

ちなみに、**投資信託は「ファンド」や「投信」とも呼ばれています**

詰め合わせ方が異なれば当然、結果も大きく異なるわけですね

その通り。
詰め合わされた中身が優秀かどうかで、結果が変わってきます。
投資信託は6000もの種類があると言われますから、全ての投資信託の中身を調べることはできませんが、投資したいと思った投資信託は中身をちゃんと見なければいけません

えっ。投資信託って6000種類もあるんですか!?

はい。だからこそ、思ってもみない投資対象に出会えることもあるんですよ

■いろいろな投資対象に投資できるメリット

例えば、テレビで外国の特集をやっていて「この国はこれから伸びていくなぁ」と思ったことはありませんか？

もし本当に伸びていくのであれば、その国の株式に投資すればその成長の恩恵を受けることができるはずですよね。

とは言え、新興国の株式に投資するのは簡単ではありません。
現地で株取引用の証券口座を作らなければいけない国もありますし、どんな株式を取引できるかの情報も少ないことが多いからです。

でも、6000以上もあると言われている投資信託の中には新興国に投資するタイプのものもあります（テレビで見たその国に投資する投資信託がピンポイントであるとは限りませんが）。

例えば「新興国の株」「新興国の債券」「先進国の不動産」のような一見ハードルが高そうな投資対象であっても、投資信託であれば簡単に投資できてしまうこともよくあります。

1-05 投資信託に組み込まれている金融商品ってどんなものがあるの？

投資信託の中身の金融商品って株以外もあるんですか？

はい。
株式以外には、**債券**、**不動産**が含まれることが多いですね

債券？　はじめて聞きました

投資信託はさまざまな金融商品の詰め合わせですが、特に**よく含まれるのは株式、債券、不動産**です。この3つの特徴は必ず覚えておきましょう

■ 投資信託によく含まれる金融商品❶　株式

株式とは、本来は会社の所有者の権利と考えることができます。

会社は株券を発行し、売り出します（現在株券は電子化されており、実際に手に取れるわけではありません）。
この株券を買った人を株主と言います。

会社は株券と引き換えに集まったお金で工場を建て、製品を作ります。そして、それが売れて利益になったら、お金を出してくれた株主に「配当金」という形で利益を還元します。

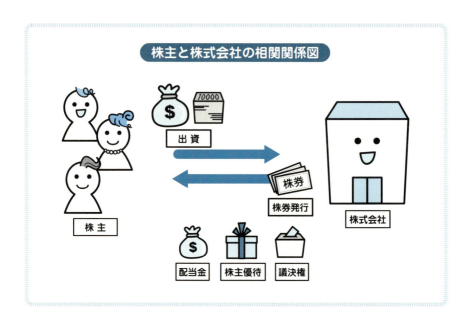

　株主側は株を持っている間は、配当金を受け取ることができます。この**株を保有した状態で得る利益をインカムゲイン**と言います。

　また、証券取引所に上場している株券は市場で売買することが可能です。

　自分の保有している株券を買ったときより高い値段で売れば、利益がでます。このように**買った時と売った時の売買差益で狙う利益のことはキャピタルゲイン**と言います。

一般的に株式投資は、**株を長期間保有してインカムゲインを狙うこと**と**売買してキャピタルゲインを狙うこと**を指します。

　投資信託は株式に投資するタイプの投資信託が数多くあり、例えば自動車関連の株式ばかりに投資する投資信託や、最近ではAI（人工知能）に関連した業務を行う株式ばかりに投資する投資信託などもあります。

　また、株式投資は日本だけのものではありません。
　先進国の株式に投資する投資信託も数多くありますし、新興国株に投資する投資信託もあります。
　ただ、一般的に新興国の株式は値動きが大きいことが多いので、投資する際には注意しましょう。

■ 債券

　債券とは、国や地方公共団体、企業などが投資家からお金を集めるために発行するものです。

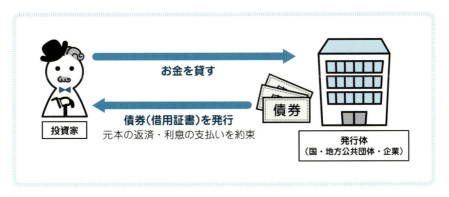

よく聞く「国債」ってやつもこれの一種ですか？

そうですね。**国債は日本国が発行している債券**です

債券にはあらかじめ利率や利払日、償還日が決められており、「発行体が潰れなければ」という前提はありますが、**満期まで持てば投資したお金が戻ってくる仕組み**になっています。

株式に比べて**値動きは安定していて安全性は高い**と考えられますが、その分、大きな値上がりは期待しづらいと言えるでしょう。

債券は安全性は高いと考えられていると言っても、「**債券イコール安心**」と安易に考えてしまうのは少し危険です。

日本では国債と言えば銀行預金と同程度に安心できるものと考えがちですが、**新興国では必ずしも国債イコール安心の数式は当てはまりません。**

また、先進国でもハイイールド債（96ページ参照）と呼ばれる比較的リスクが高い債券も存在しています。

こうした債券に投資する投資信託は利回りの高さで人気になりがちですが、時には株式投資以上に激しい値動きになることもあります。

投資信託を選ぶ際、債券に投資していると聞くと安心してしまう人が少なくありませんが、どんな債券に投資しているのかについてはよく調べてから投資していきましょう。

なお、債券も価格が変動して売買されるので、**株式投資と同じようにインカムゲインとキャピタルゲインがあります。**

■不動産

不動産にも、**物件を所有して家賃収入を得るインカムゲイン**と、**不動産そのものの売買で利益を得るキャピタルゲイン**があります。

様々な不動産に投資する不動産投資信託は **REIT（リート）** と呼ばれます。

REIT は分配金を出すものが多くあります。毎月貰えることから、家

賃収入をイメージする人も多いですが、REITで受け取る**分配金は必ずしも家賃収入から出ているとは限りません。**

場合によっては元本を取り崩して分配金を出しているケースもあるので注意が必要になります（108ページで詳しく解説）。

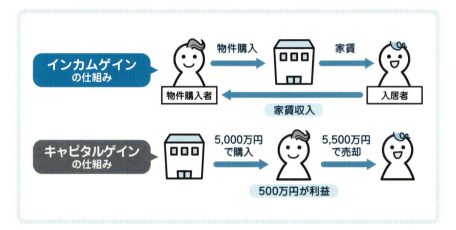

なるほど、投資信託には、こんな金融商品が含まれているのですね

はい。
本書は投資信託に関する書籍ではありますが、**投資信託を介せずして、株式や債券、不動産に直接投資することもできます**し、そうした投資に楽しみを見出す人も決して少なくありません。

不動産や株式は直接投資している人が多いイメージですね

そうですね。
それぞれの金融商品にメリットとデメリットがあります。それは投資信託も同じです。「**一番優れた金融商品」というものはない**ということを覚えておいてくださいね

1-06 少ない金額からはじめられて運用はプロがしてくれる

■プロが運用してくれるのが大きな特徴

投資初心者に投資信託をおすすめする理由の1つが**運用はプロがやってくれる**ことです。
この運用してくれる人を「**ファンドマネージャー**」と呼びます。

購入した投資信託は、その道のプロが運用してくれるんですね

　投資信託には、**ファンドマネージャーと呼ばれる運用のプロ**がいます。
　毎日のように相場と対峙し続けているプロフェッショナルですから、金融や経済についてもよく勉強しています。
　購入した投資信託の運用は、このファンドマネージャーが行ってくれます。

■ みんなでお金を出すから、少ない資金ではじめられる

投資信託は単純に言えば、下図のような仕組みになっています。**たくさんの投資家から大きな資金を集めて、それをプロが運用して利益を出し、投資家に還元するという仕組み**です。

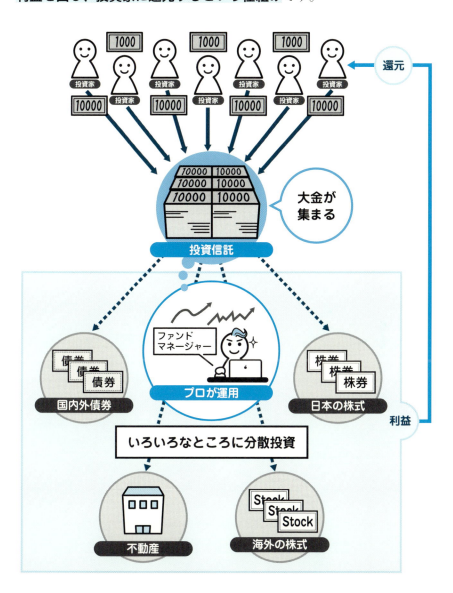

普通に株式や債券、不動産といった金融商品を買う場合、まとまった額のお金が必要になりますが、**投資信託はたくさんの人のお金を集めて運用するので、一人一人は少ない金額でも大丈夫**なのです。

自分で出すのは少ない金額なのに、皆のお金を集めたら色々な金融商品に分散投資できるってすごい

そうですね。**少ない資金で始められるというのは投資信託の大きなメリット**です

■ 株式投資と比べてみよう

　例えば株式投資の場合、株式市場で売買する単位が決まっています。最低でも1回の取引で数万円は用意することになるでしょう。

　しかし、投資信託なら少額から、それこそ商品によっては100円から購入できるものだってあります。
「毎月5,000円ずつ」といった方法で購入している人がたくさんいるのが投資信託なのです。

運用面で比べると、**株は自分で投資の勉強をして売買**を行いますが、**投資信託ならプロにおまかせできます**

投資信託は万能ではない

ここまで、投資信託のたくさんのメリットをお話ししました。
具体的には、以下のようなメリットがありましたね

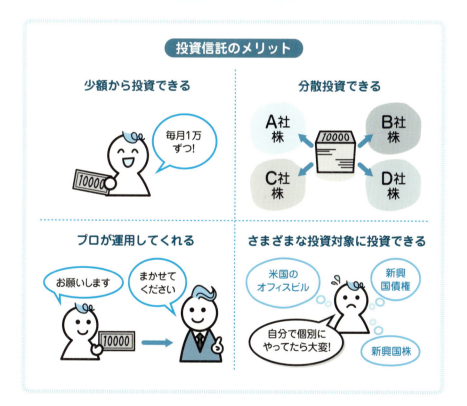

投資信託ってたくさんのメリットがありますね。
特に少額から投資できるのが僕たちにぴったりです

色々な金融商品に分散投資できるのもいいですね

そうですね。このようなメリットは、投資信託ならではのメリットです。
しかし、**投資には「絶対儲かる」はありません**。逆にデメリットを見てみましょう

デメリット❶ 予想外のリスクも

本来、簡単に投資できないところに投資できる可能性があるのが投資信託のメリットですが、よく知らない投資対象に投資する投資信託を選ぶと、予想外のリスクに巻き込まれるという面もあります。

例えば新興国に投資する場合は、**政情不安で金融商品の市場が乱高下**することも珍しくなく、**先進国では考えられないような値動き**を経験することもあるかもしれません。

特に投資する前の段階ではどうしても夢の方ばかりを見てしまうものですが、そうなるといざ損失が出た時に慌てふためくことになってしまいます。

できる限り予想外のリスクを減らす努力はしておきましょう。

デメリット❷ プロだって失敗する（決して元本安全ではない）

大前提として、**投資信託は元本保証の金融商品ではありません。**

そして、プロが運用してくれるからといって**必ずしもあなた自身の判断よりもよい結果になるとは限らない**ということも覚えておいてください。

34

投資信託は万能ではない　1-07

1日目
投資信託ってどんなもの？

デメリット③ 🗨 **ある程度の学習は必要**

　投資信託はプロが運用してくれるといっても、ある程度の学習が必要です。

　具体的に言うと、以下の項目は最初に学習する必要があります。

> ● 投資信託の仕組み
> ● どんな投資信託があるのか（投資信託の種類）
> ● 何を基準に選べばよいのか（選ぶ際の注意点）

　なにしろ、投資信託は6,000以上もの種類があるので、選ぶ目を養う必要があるわけです。

　また、勉強してもやみくもに投資してはいけません。
　投資計画を立てて投資していかなければ、値動きが気になって相場に振り回される気分を味わうことになってしまいます。

　投資信託に限らず、**投資の世界では、強いものから弱いものにお金が流れる仕組みになっています。**

　勿論、運の要素もないわけではありませんが、着実に資産を殖やしている投資家は例外なく**運だけに頼らず、資産を殖やすための勉強と準備をしている**ものです。

　同じ投資信託でも販売会社によって販売手数料が違うこともあれば、ほぼ同じ投資対象に投資している投資信託でも運用にかかるコストが異なることもあります。

　「しっかりと調べれば何万円ものお金が節約できたのに……」というのは避けたいですよね。手数料などのコストについても、本書ではしっかり解説していきます。

35

投資信託のデメリット

予想外のリスクも

プロが失敗することもある

学習が必要

運用をプロに任せるから初心者向きといっても、何も勉強せずに投資するのはだめなんですね

そうですね。**運用はプロがやってくれても、どれに投資するかは自分で決めないといけません**からね

投資できる対象が多いのがメリットだったけど、よく知らない投資先に投資するのは確かに怖いわね

お金がかかっていることを忘れてはいけません。**『投資はやる前が9割』**の精神で準備を進めましょう

1-08 投資信託は「どうやって」「いつ」儲かるの？

ところで投資信託はどうやって儲ければいいんですか？

投資信託の儲け方は
・キャピタルゲイン
・インカムゲイン
の2種類があります

（キャピタルゲイン…インカムゲイン…26ページの株の儲け方のとこで出て来たわね…）

投資信託では、どちらかというとキャピタルゲインを狙うのがおすすめです。
インカムゲインばかりに目を向ける人がいますが、トータルでのリターンを考えなければいけません

……？

では、詳しくお話ししていきましょう

■ 投資信託の「キャピタルゲイン」と「インカムゲイン」

投資信託において、お金が儲かったか損したかは

● キャピタルゲイン   ● インカムゲイン

の2つで決まります。

26ページでも出てきましたが、キャピタルゲインとは「売却することで得られる利益」でインカムゲインとは「保有していることで得られる利益」です。

　投資信託の**キャピタルゲインは買ったときと売ったときの基準価額の差額**です。
「基準価額」とは、投資信託の価格です。当たり前ですが、買ったときより売ったときの方が値上がりしていれば儲かることになります。

　投資信託の**インカムゲインは「分配金」**のことを指します。
　投資信託を保有している間、毎月（毎年）支払われるお金です。分配金が出る投資信託と出ない投資信託があるので、すべての投資信託でもらえるわけではありません。

分配金がある投資信託、素敵ですね！

毎月分配金が入ってくると、まるでお小遣いを貰っているような気分になる人も多いようで、分配金のある投資信託は人気がありますね

でも、実は分配金はあればあっただけいいというものではありません。これは、第3章で詳しくお話しします

■利益はトータルリターンで見ることが大事

投資信託において、お金が儲かったか損したかは、**キャピタルゲインとインカムゲインの両方を考える必要があります。**

売った時の基準価額は買った時と比べてどれだけ上昇or下落しているか、また分配金は貰っているのか、もらっているならいくら貰っているのかを合わせた『**トータルリターン**』で考える必要があるのです。

例えば、買ってから売るまで投資信託の価格が同じだったとしても、分配金をもらっていればトータルで見ると利益になっていることもあります。

なお、この**トータルリターンを1年当たりに得られるリターンに直した数字を「利回り」**と言います。

■投資信託のキャピタルゲインを得るタイミングはいつ？

先生、投資信託っていつ「儲かった」とか「損した」というのが確定するのでしょうか？

投資信託の儲けや損失が確定するのは以下の3つのタイミングになります。

・自分で解約した時
・満期を迎えて償還となった時
・打ち切りが発生した時（繰り上げ償還）

の3つです。
基本は自分で解約した時になりますが、満期償還や繰り上げ償還となることもあるんですよ

繰り上げ償還？　それは怖いですね。損失が出てる時に勝手に打ち切りになるって感じですか？

そういう場合もありますね。

ここでは儲けや損失が確定する3つのタイミングを見ていきましょう

儲け・損失のタイミング❶　自分で解約した時

　最も多い儲け・損失の確定パターンが自分で解約するタイミングです。
「理想としていた儲けが出たから解約して利益確定しよう」と考え人もいるでしょうし、「高齢になってきたからリスクの高い商品を解約して元本の安全性が高い商品に移していこう」と考える人もいるでしょう。
　また、「損失が大きくなって怖くなったから解約する」という人もいるでしょう。

　投資信託は運用をプロにおまかせしますが、**買うタイミングと売るタイミングは自分で決めなければなりません。**
　ポイントは、できる限り「どうなったら解約するか」をあらかじめ決めておくことです。
　そうしておかないと行き当たりばったりで投資判断をすることになり、買って解約して……を繰り返してしまいます。

解約するタイミングって難しそう。
これもファンドマネージャーがやってくれればいいのに

ハハハ。
売るタイミングは本当に難しいですよね。
どうなった時に売るかの判断は、人それぞれです。
あらかじめ自分の人生設計に照らし合わせて考えてから投資することをおすすめしますよ

儲け・損失のタイミング❷　満期を迎えて償還となった時

　投資信託の中には**信託期間があらかじめ決められているものもあります。**
　いつ満期になるかがあらかじめわかるようになっていて、その時期が来たら償還になる仕組みです。

「償還」という言葉を聞くと何となく元本がそのまま戻ってくるイメージを持つかもしれませんが、投資信託の場合は必ずしもそうとは限りません。**損失となることだってある**わけです。

　投資信託が満期を迎えると、その時点で信託財産が清算され、投資した口数に応じて償還金が支払われます。
　たとえプラスでもマイナスでも、投資している投資家全員で分け合います。
　買った時点に比べて損していても利益であっても関係なく、**償還時点のお金を全員で分け合う**というイメージでよいでしょう。

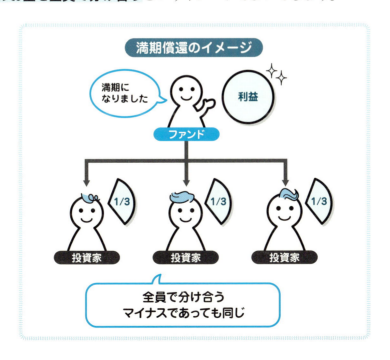

また、満期の日になれば自動的にお金が返ってくるのでほったらかしにしておけばよいかというと、そういうわけではありません。
というのも、**運用会社の判断で信託期間を償還延長することができるようになっている**ためです。こちらも注意が必要になります。

儲け・損失のタイミング❸　打ち切りが発生した時（繰り上げ償還）

打ち切りというと聞こえが悪いかもしれませんが、実は

- 目的を達成したために償還となるケース
- 純資産総額（投資信託の残高のこと。詳しくは59ページ）の減少に伴い償還となるケース

の2種類があります。

前者の場合、例えば「基準価額が13,000円を超えたら償還」といった取り決めがあって、これを達成した時に償還となります。

注意したいのが二つ目の純資産総額の減少に伴って償還となるケースです。

人気がなくなって運用が途中でストップしている場合、損失が発生しているケースが多いです。

目標が達成して打ち切りになるパターンもあるんですね

はい。
必ず悪い結果のために打ち切りになるというわけではありません。
繰り上げ償還の注意点などは第6章で解説しますね

投資信託運用には3種類の会社が関わっている

■ 大丈夫？ 投資信託運用に関わる3種類の会社

そう言えば、投資信託ってどこで買うんですか？
ゆうちょや銀行ですかね？

銀行って、潰れても1,000万円までは保証してくれるんですよね？
投資信託も同じですか？ 潰れていきなり投資信託がなくなっちゃうってことがあるんですか？

まず、答えだけ先に言ってしまうと、銀行やゆうちょがつぶれても、投資信託は守られます。

その理由には、投資信託には役割の違う3種類の会社が関わっていることが関係します。

投資信託運用に関わる3種類の会社それぞれを見て行きましょう

投資信託の運営には以下の3種類の会社が関わっています。

- 販売会社　● 運用会社　● 信託銀行

それぞれの会社がどのような役割を担っているのか、見ていきましょう。

■投資信託運用に関わる会社❶ 販売会社

　投資信託は銀行や証券会社、郵便局などを通じて購入することになります。

　そして、この銀行や証券会社、郵便局などのことを**販売会社**と言います。

　販売会社は、投資信託を売って販売手数料を受け取ることになります。多くの販売会社にとって、**投資信託の販売手数料は有力な収益源**となっており、昨今力を入れている金融機関がほとんどです。

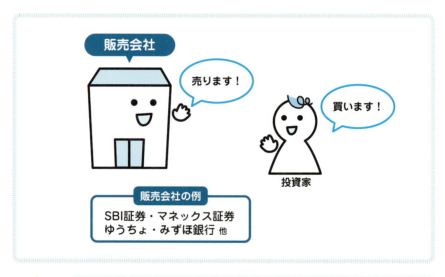

販売手数料以外にも、投資信託には様々な手数料がつきまといます。投資信託で損しないためにはコスト管理が重要になってくるので、後程詳しく解説していきます

■投資信託運用に関わる会社❷ 運用会社

　運用会社は**投資信託を作って、集まったお金を実際に運用していく会社**のことを言います。

　運用の指示をしている会社と言えば理解しやすいでしょうか。

経済や金融、社会情勢などの情報やデータを集めて検証し、何にいくら、どのタイミングで投資をするのか、また、売却をするのかを指示しています。

■ 投資信託運用に関わる会社❸ 信託銀行

「運用会社がつぶれてしまったらどうなるの？」
「銀行だとペイオフ制度で1,000万円まで大丈夫と聞いたけど投資信託は？」
このように不安に感じている人もいると思いますが、ご安心ください。

投資信託では**集めた資産を信託銀行が管理します。**信託銀行がお金を預かり、運用会社の指示に従って金融商品の売買を行うというしくみです。

そのため、販売会社や運用会社がつぶれてしまってもお金は守られます。
では、信託銀行がつぶれたら…と考えるかもしれませんが、これもご安心ください。**信託銀行ではお金を自社の財産とは別に保管している**ので、信託銀行がつぶれても資産は守られます。

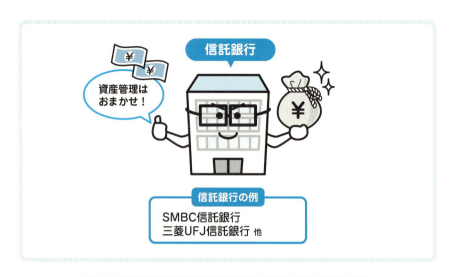

 販売会社、運用会社、信託銀行の3つの会社が関わって、次図のように投資信託のしくみができます。

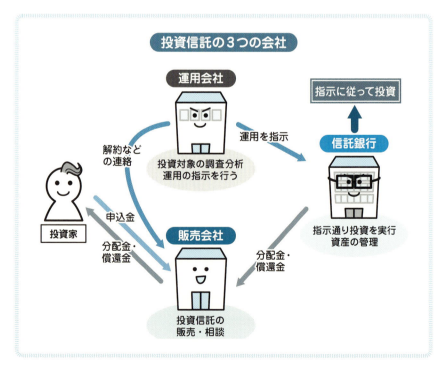

3つの会社の連係プレーでできてるのね

銀行やゆうちょが全部やってると思ってたな～

すこしややこしいかもしれませんが、**販売会社、運用会社、信託銀行の3つの会社が関わっていて、それぞれの会社に万が一のことがあったとしてもお金が守られる**ということを覚えておいてください

信託銀行が投資のお金を別に管理してくれているのはとても安心ですね

そうですね。
最後にもう一度、3つの会社の連携をまとめておきましょう。

投資信託の3つの会社の連携プレー

❶ 運用会社が投資信託を作る（設定する）
　▼
❷ 販売会社が投資信託を販売してお金を集める
　▼
❸ 集まったお金は信託銀行が保管・管理する
　▼
❹ 運用会社が運用の指示をして運用していく

細かいことはありますが、とにかくこの流れをイメージできていればOKですよ

■3つの会社は自分で選ぶの？

あの〜、投資信託って銀行やゆうちょで購入すると思っていたのですが、もしかして運用会社と信託銀行も自分で選ぶんですか？？？

そうね。運用会社はA社、信託銀行はB社って申し込まなければいけないのかしら？

いえいえ。運用会社や信託銀行は自分で選ぶ必要はありません。
というか投資信託ごとに決まっているので選べないといった方が正しいですね

運用会社や信託銀行は投資信託ごとに決められています。

投資信託を買うときは、どの投資信託に投資したいのかという「商品ありき」で投資信託を探し、次に運用会社を確認するという順に見ていけば問題ないでしょう。
あまりにも無名の運用会社であれば避けたほうが賢明かもしれませんが、基本はやはり「商品ありき」で考えていくことになります。

そして、その投資信託が売っている販売会社を探して購入します。このとき、同じ投資信託を複数の販売会社で購入できるようになっていることがよくあります。この場合、販売会社は自分で選ぶ必要があります。

投資信託を取り扱っている販売会社は現在、銀行や証券会社と様々ですが、複数の販売会社で口座開設をすることもできますので、販売手数料や使い勝手などの観点から利用する販売会社を決めていきましょう。販売会社の選び方については192ページで解説しています。

2日目

投資信託での お金の殖やし方を 勉強しよう

「お金の殖やし方を手っ取り早く知りたい」
そう焦る気持ちもわかりますが、何事も基本が大
切です。順を追って学習していきましょう。
まずは投資信託とは何か、どんなメリット・デメ
リットがあるのかなど、基本となる知識を身につ
けていきましょう。

2-01 投資信託の「攻め」のコツは「複利」と「期間」

■複利ってなに？

運用で資産を形成することを考えたなら、**複利の考え方**を採用することが大切です。

利回りには「単利」と「複利」があります。
単利とは、預け入れた元本に対して利息をもらうことを言います。逆に言えば**元本にだけ利息が付く**というイメージですね。

一方の複利は、**もらった利息を元本に含めて運用すること**を言います。利息の分だけ元本が増えていきます。

利息が元本と合わさった合計金額につく利息は、単利より大きくなります。それがまた利息を生み出し……と雪だるま式に資産を増やしていけるのが**複利運用**です。

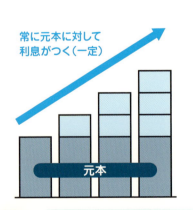

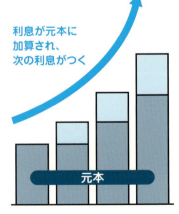

複利運用では投資の利益をそのまま次の投資に回すことで、運用資金がどんどん大きくなって、利益も大きくなります

投資信託の「攻め」のコツは「複利」と「期間」　2-01

では、例えば100万円を運用したときどうなるかを
1％単利と1％複利それぞれで見ていきましょう。

単利1％で運用

	受け取り利息	トータル
1年後	10,000円	1,010,000円
2年後	10,000円	1,020,000円
3年後	10,000円	1,030,000円
4年後	10,000円	1,040,000円
5年後	10,000円	1,050,000円
6年後	10,000円	1,060,000円
7年後	10,000円	1,070,000円
8年後	10,000円	1,080,000円
9年後	10,000円	1,090,000円
10年後	10,000円	**1,100,000円**

複利1％で運用

	受け取り利息	トータル
1年後	10,000円	1,010,000円
2年後	10,100円	1,020,100円
3年後	10,201円	1,030,301円
4年後	10,303円	1,040,604円
5年後	10,406円	1,051,010円
6年後	10,510円	1,061,520円
7年後	10,615円	1,072,135円
8年後	10,722円	1,082,857円
9年後	10,722円	1,093,685円
10年後	10,937円	**1,104,622円**

※税金を考慮しない

10年で4,622円の差！

2日目　投資信託でのお金の殖やし方を勉強しよう

51

どうでしょうか？　複利運用では受け取れる利息が少しずつ増えていき、次第に差がついていくことが分かりますね。

この例では10年で4,622円の差が生まれました。これを見て「思ったほど違いがないな」と感じた人もいるかもしれません。

では、**利回り5%**になるとどうなるか考えてみましょう。

本書で学習していく**投資信託において、利回り5%というのは特別不思議な話ではありません**。

銀行預金の金利からすると夢のような数字でも、投資信託ではありえる数字です。

元本100万円を利回り5%で運用したとき、単利と複利では以下のような差が生じます。

100万円で年利5%の複利と単利

	複利	単利	差額
10年後	162.8万円	150万円	12万8千円
20年後	265.3万円	200万円	65万3千円
30年後	432.1万円	250万円	182万1千円

※税金を考慮しない

元本が100万円でも10年後には12万円以上の違いが生まれています。30年ならなんと、182万円の差額です。

もちろん、元本がもっと増えれば最終的な資産額にはさらに大きな差が生まれてきます。例えば1,000万円なら以下のような差額です。

1,000万円で年利5%の複利と単利

	複利	単利	差額
10年後	1,628万円	1,500万円	128万円
20年後	2,653万円	2,000万円	653万円
30年後	4,321万円	2,500万円	1,821万円

※税金を考慮しない

■個人投資家の最大のメリットは「期間」

えっ30年で1,821万円の差が出てる！
複利の効果ってすごいですね！

お金がお金を生んでいて、これこそ資産形成って感じがします

そうですね。

投資信託で利益を生み出すためには、複利を利用して、長い期間をかけて運用するのがコツです

複利の効果を最大限にいかすためには、長い期間が必要になるので、投資信託で利益を生むには、**「長い期間をかけること」**も大きなポイントになります。

長い期間をかけて投資することは、個人投資家だからできる大きなメリットです。
プロの投資家は「短期間で成果を上げれば上げるほど優秀」という評価を受けるため、短期間での成果を求められます。

一方、みなさんのような個人投資家には「いつまでにいくら稼がないといけない！」という制約がありません。個人投資家なら「期間」を味方につけた投資ができるので、これを有効に活用しましょう。

例：100万の資金を運用で200万にしたい場合

例えば、100万円を運用で2倍の200万円にするとします。
それにタイムリミットがあればどうでしょうか。例えば1年後に200

万円に殖やさなければいけないとなると、値動きの激しい投資対象に投資しなければいけないことが想像できるはずです。

ハイリスクな投資であることは説明するまでもありません。成功の確率は極めて低いでしょう。

しかし、200万円にするまでに、20年の期間をかけてよいとしたらどうでしょうか？

詳しい計算方法は省きますが、年利3.6％の複利運用をしていけば目標の200万円を達成できることになります。

このように、期間を味方につけると無理の無い安全な運用ができるようになります

20年後なら、私はまだ50代です。
もし30年をかけて運用していいなら、もっと安全な運用ができるってことですよね

そうですね。
30年の期間をかけて運用するなら、年利2.4％になります。

とくに、これから資産を形成することを考えた場合は、『期間』を味方につけることで、無理なく勝つ可能性が上がることを意識しましょう

投資信託の「守り」のコツは「分散」

お二人は、これから投資信託をはじめるわけですが、資産運用で大切なことは何だと思いますか？

うーん……お金を殖やすことですよね
それが一番の目的だし、儲からなければタンス貯金をしているのと変わらないし

私は資産を守ることだと思います。
そんなに額は大きくないですが、これまで頑張って貯めてきたお金なので

性格が出ていますね。
もちろん、二人とも正解です。
守っているだけじゃ資産は殖えず、意味がありませんが、危険をおかして資産が減ってしまうのもいけません。

ですから、**攻めと守りのバランスを両立することが大切**なのです。
投資の世界での**「攻め」とは勝ちやすくすること**で、**「守り」とは負けにくくすること**を指します

勝ちやすくする攻めのコツって、先程の「複利と期間」ですか？

そうです。複利と期間を上手に使うことが攻めのコツでした。
そして、**守りのコツは「分散」**です

■違う値動きの投資信託を複数もつことが大事

分散の話は覚えています。
「卵を一つのカゴに盛るな」ですよね（20ページ参照）

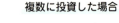

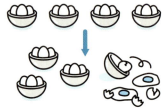

でも先生、もともと投資信託は分散投資してくれているんじゃないんですか？
投資信託は、いろんな金融商品の詰め合わせって教わったんですが…

そうそう。
1つの投資信託のなかに、何十社の株が入っていたりするんですよね

いえ。
それは、当たっているようで当たっていません。
投資信託は違う値動きのものを複数持つのが一番よい方法です

「投資信託はたくさんの金融商品の組み合わせなんだから、もともと分散投資してくれているんじゃないんですか？」
　そう思う人もいるかもしれませんが、**これは当たっているようで当たっていません。**

例えば、「日本の株の詰め合わせの投資信託」があるとします。

投資信託はA社の株が下がってもB社の株が上がっていればよいという考え方ですね。これももちろん分散投資ではあります。

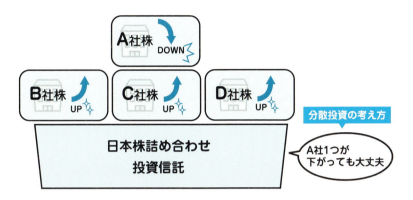

しかし、"日本株大暴落！"こんなニュースが出たらどうでしょうか。日本の株だけで構成された投資信託は、想定できないほどの損失になってしまうことだって考えられますね。

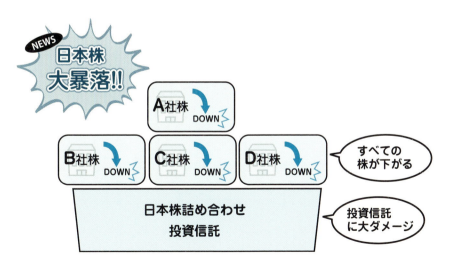

こんなとき、日本株の詰め合わせの投資信託と**逆の値動きをする投資信託**を持っていたらどうでしょうか？

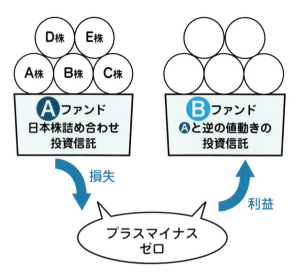

このように損失をカバーできます。これこそが分散投資です。

投資信託はそれ自体が分散投資してくれているのも事実ではありますが、**投資対象が同じ値動きをしていたらあまり意味がありません。**

値動きがばらばらの商品を複数持つことが、守りの強化に繋がります。

グラフで見ると以下のようになります。
ⒶとⒷのほぼ逆の動きをする2種類の投資信託のどちらか一方だけを保有するよりも、両方を保有した方が上下の値動きを抑えられることがわかりますね。

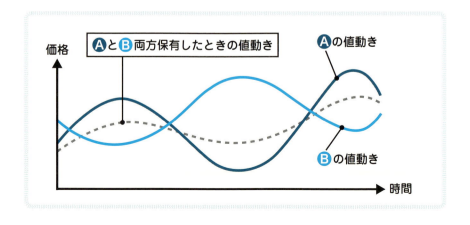

2-03 投資信託の価格「基準価額」と「純資産総額」って何ですか？

■ 投資信託の取引価格＝「基準価額」

次はいよいよ投資信託の値段の話をします。
投資信託の取引されている価格を「基準価額」と言います

いよいよ値段の話ですね！

基準価額は、毎営業日ごとに1回算出されます。

投資信託は6000種類ほどあると言われているので全てではありませんが、多くの新聞では毎日投資信託の基準価額が掲載されています

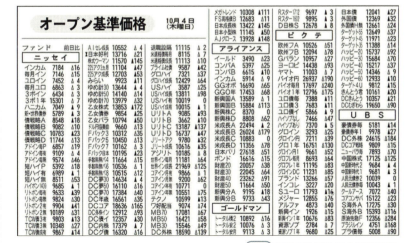

出典 2018/10/5 日本経済新聞

新聞に掲載されているのを見たことがあります。
よく見ると、基準価額にはけっこう差がありますね

そうね。
基準価額が高いものと低いものがあるわね。けっこう差があるから高い投資信託は割高に感じるわ。
それに比べて基準価額の安い投資信託は割安で魅力的ね

いやいや。それは違うんじゃない？
高いものの方が、人気があるってことでしょ？
僕は7,000円の投資信託より12,000円の投資信託の方が人気があって優秀だと思うなぁ

二人とも間違っています。
どちらが優秀な投資信託なのかは基準価額だけでは判断できないんですよ

　投資信託の取引価格のことを**基準価額**と呼び、毎営業日ごとに1度ずつ更新されます。

　基準価額は一日一回しか変更されないので、新聞に掲載されている基準価額は前日時点のものになります。

　つまり、新聞の基準価額は「前日に買い付け注文を出していたらこの価格でした」ということになり、**今日買い付けても新聞の価格で取引できるわけではありません**。

　この性質上、戦争やテロなどのニュースが出たときなどの値動きが激しくなっている際の注文時には特に注意が必要です。
　値動きが穏やかな時には新聞で確認できる基準価額とそこまで変わらない価格で購入や売却ができるものですが、**値動きが激しい時は基**

準価額が1日で大きく変動することがあるためです。
「あれ、こんなに高い値段で買ってしまったの？」
「こんなに安い値段で売ってしまったの？」
とならないように、値動きが激しいときはとくに注意しましょう。

では、**なぜ基準価額が変動するのでしょうか。**
それを考える前にまず、「純資産総額」と「口数」について説明します

■投資信託の純資産総額とは

投資信託の規模は「**純資産総額**」から把握できます。

投資信託では、株式や債券が運用されています。株式や債券の価格は上昇したり下落したりしますし、途中で配当や利息を受け取ります。この影響で信託財産（投資信託全体の残高）は増えたり減ったりすることになります。

そして、この**毎日の信託財産（投資信託全体の残高）のことを純資産総額と言います**。つまり、純資産総額を見ればその投資信託の規模を知ることができます。

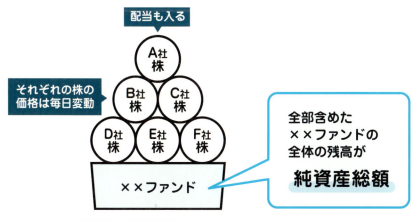

※運営にかかる手数料をマイナスする

■投資信託の売買単位「口数」

投資信託の売買単位のことを「口数」といいます。**新聞で公表されている基準価額は通常1万口あたりの価格**です。

例えば基準価額が7,500円の投資信託の場合、1口あたり0.75円となります（7,500円÷10,000口＝0.75円）。

投資信託の売買の単位を「口数」という

■基準価額の算出方法は？

先述したように、基準価額は投資信託の1万口あたりの価格です。
その価格は「**基準価額＝純資産総額÷総口数**」で計算されます。

わかりやすい数字で計算してみましょう。10万円の資産を保有していて、さらに利息や配当金が2,000円、管理手数料が200円で総口数が10万口の投資信託の基準価額を求めます。

計算式は**(100000＋2000－200)÷100000＝1.018**となり、1口あたり1.018円になります。新聞等で公表されている基準価額は1万口あたりの価格なので×10,000して、10,180円が基準価額になります。

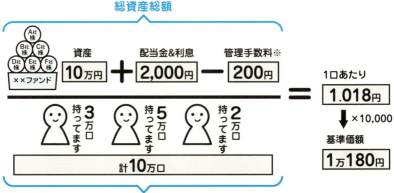

※信託報酬のこと。ここはわかりやすく管理手数料としています

■ 基準価額はなぜ上下するの？

当然ですが、基準価額は上がったり下がったりします。

では、基準価額が上がったり下がったりする要因としてはどんなものがあるでしょうか。主な要因は以下の3つです。

- 投資信託が保有している為替、株式や債券の価格が変動するから
- 分配金が支払われた時
- 運営管理手数料が差し引かれた時

では、1つずつ見ていきましょう。

［基準価額が変動する理由❶］
投資信託が保有している株式・債券などの価格が変動するから

基準価額の上昇、下落の要因としてまず考えられるのは**保有している為替や株式、債券の価格自体が上昇したり下落するケース**です。

保有しているものの価格が下がれば、純資産総額も当然下がりますね。基準価額は純資産総額÷総口数で求めるわけですから、純資産総額に増減があれば、基準価額も上下するのが当然です。

［基準価額が変動する理由❷］分配金が支払われたから

投資信託によっては分配金が支払われるものがありますが、分配金が支払われることは基準価額の下落要因につながります。

これも基準価額の算出方法から考えると分かるのですが、**分配金を支払うと純資産総額が減ることになる**ためです。

稀に、「あれ？ 分配金が出たのに基準価額が上がっているぞ？」ということがありますが、これは分配金の支払いと同時に保有している株式や債券の価格が上がったためと考えることができます。

［基準価額が変動する理由❸］管理手数料が差し引かれたから

投資信託を保有していると管理手数料がかかります。この運営にかかる費用は日割りとなって差し引かれます（運営にかかる費用について詳しくは124ページからお話しします）。

投資信託が保有している株式や債券の価格に変化がなかったとしても、運営にかかる費用によって基準価額が下落することはあり得ます。

■基準価額の現在価格から割安割高はわからない理由とは

純資産総額が増えていれば、基準価額は上がるわけですよね？
じゃあやっぱり、基準価額が高い投資信託は低いものより儲かっているってことじゃないんですか？

そうではありません。

投資信託の基準価額は、設定日の前日を1万円（1万口当たり）として運用をスタートして、その後の運用で価格が変動していくことになります。
そのため、設定したタイミングの違いによって基準価額は大きく変わるのです

例えば、下図のAファンドとBファンドは同じ金融商品で構成された投資信託だとします

構成している金融商品は同じ

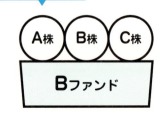

2つの投資信託の中身は同じですから、当然値動きはほぼ同じです。
しかし、以下のグラフのように、この2つの**投資信託のスタート時期が異なるだけで、現在の基準価額は変わってきます**

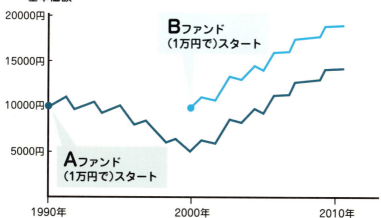

どうでしょうか。
基準価額はスタート時のタイミングによるところも大きいということがわかると思います

同じ値動きの投資信託なのに、スタート地点が違うだけで現在の基準価額に5,000円くらいの差がでてますね！

ええ。だから、実際には**基準価額だけで割安割高は判断できません。**
ただし、**1つの投資信託の基準価額の推移を見ることは大事**ですよ。これは第4章で解説します

2-04 投資スタートまでの流れ

 ここまでで、投資信託のおおまかな仕組みの解説は終わりです。理解できてきましたか？

はい。投資信託のメリットやデメリット、仕組みについても理解できました

早く資産形成をスタートしたいって気持ちになりました

 少しずつ、理解が深まっていますね。でも、焦らずに少しずつ力をつけていきましょう。

■焦らずゆっくり理解してから実践しよう

　これまで投資信託にはどんなメリットやデメリットがあって、どんな仕組みになっているのかについて学習してきました。
　本を読む前と比べて、知識が備わってきていることは実感できていますか？

　人によっては「早く投資したいよ！」と考えている人もいるかもしれません。

　でも、焦りは禁物です。
　「投資はやる前が9割」の考えが大切で、投資をスタートする前に勉強すべきことはまだあります。

実際に投資をスタートさせるまでに、以下の手順を行ってもらいます。これらをすべて理解してから、実際に投資をはじめましょう。

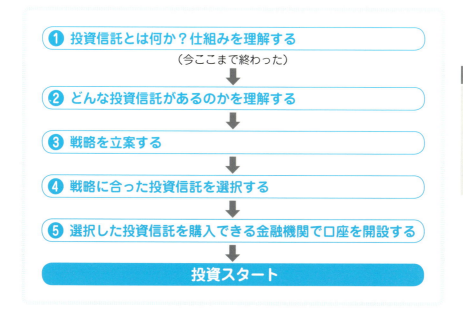

いかがでしょうか？

まだやらなければいけないことが沢山あるんだなぁと感じたでしょうか？

ここまでは投資信託で運用するために必要な知識をただインプットしてきたので、少し疲れてしまった人もいるかもしれませんね。

でも、ここからはどんな投資信託があるのかなど、より実践に近づいた内容に入っていきます。

資産運用は楽しみながらやることも成功の秘訣のうちの一つです。

現時点の投資する前の段階であれば損することはありませんから、あまり肩ひじ張って勉強として考えるのではなく、楽しみながら学習していきましょう。

■ 半年生活できるぐらいのお金は貯めてから始めましょう

次章は投資信託の種類を見ていきます。実際に自分が買うことを想像しながら学習してくださいね

先生は、月数千円からでも投資できるって言ってましたよね。数千円なら、実際に買ってみたいな

それに、もしものために貯金していたお金も使って運用すればもっと早く資産形成できるわね
どうせ普通預金で金利も付かないんだから、投資信託に回しちゃえば……

おっと、それはいけません。
病気など、予期せぬことが起きて働けなくなる可能性だってあります。
投資は、**半年生活できるぐらいのお金は別に貯めてから始めましょう**

たしかに、急に病気したりしてお金がかかることもありますもんね…

でも 半年分の生活費だけでいいのですか？

半年分の生活費というのは「最低限それぐらいは」という意味で考えてください。

人それぞれ安心できる金額は違います。
お二人の場合はお子さんもいらっしゃますし、もう少し貯めてから運用に回した方がいいかもしれませんね

投資信託の種類を勉強しよう

ここまでの学習で、投資信託の基礎知識はばっちり身についていることでしょう。
そこで今日は、投資信託にはどんな種類があるのかについて、つまり、商品知識を身につけていきましょう。
「こういうのがいいな」と想像を膨らませながら学習を進めてくださいね。
※なお、本書での投資信託の商品分類は独自のものであり、投資信託協会が採用している商品分類とは異なります。ご了承ください。

3-01 投資信託の種類は「運用手法」と「運用対象」で覚える

さて、いよいよ投資信託の種類について勉強していきますよ

とても楽しみです！
でも先生。投資信託は6000個くらいあるって言ってませんでしたっけ？　勉強するのが大変そうだ…

いえ、投資信託を１つずつ見ていくわけじゃないので、大丈夫ですよ。

投資信託は運用手法や投資する対象から、いくつかのパターンにわかれます。
そのパターンを勉強すれば、はじめて出会った投資信託でも「ああ、こういう内容の投資信託なんだな」と理解できるようになるのです

「投資する対象」っていうのは、株とか債券とかそういうのですか？

そうですね。
「株だけに投資する投資信託」とか、「債券に投資する投資信託」とか、そういった種類です。
では、まずは投資信託の「運用手法」を見ていきましょう。投資信託の運用手法は大きく「インデックスファンド（パッシブ運用）」と「アクティブファンド（アクティブ運用）」にわかれます

70

［投資信託の運用手法 ①］
指数に連動するインデックスファンド

まずは**インデックスファンド**から見ていきましょう。「インデックス」という言葉を聞いたことがありますか？

なんだろう。「見出し」とかそういう意味でしょうか

文章の見出しのことを「インデックス」と呼んだりしますね。

投資の世界での「インデックス」は『指数』という意味になります。**指数を使った投資信託を「インデックスファンド」**と呼びます

■指標（インデックス）と同じ値動きをする投資信託

インデックスとは『**指数**』のことを言います。
具体的には、「TOPIX（東証株価指数）」や「日経平均株価」といったものが指数になります。

TOPIXは「東京証券取引所一部上場の全銘柄の時価総額の動きを指数化したもの」で、日経平均株価は「日本を代表する225銘柄の上場株式の平均株価」です。
日本の代表的な株価指標として広く知られているので、投資に興味がない人でも、ニュースや新聞で見たことや聞いたことがあると思います。

TOPIXや日経平均株価がどういった動きをしているのか、上方向に

向かいつつあるのか下方向に向かいつつあるのかを見ることによって、株式市場全体の大まかな流れが分かります。

インデックスファンドは、TOPIXや日経平均株価のような指数と同じ動きをすることを目指して作られた投資信託です。

投資の世界では「**ベンチマーク**」という言葉がよく出てきます。ベンチマークとは運用の目標とする指数のことです。
つまり、**「TOPIXや日経平均株価をベンチマークにして、ベンチマークと同じ動きで運用する」**のが、インデックスファンドになります。

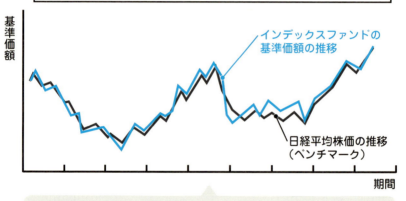

インデックスファンドは、ベンチマーク（ここでは日経平均株価）と連動するように運用される。

上の図は、目標値である**ベンチマークを「日経平均株価」にしたインデックスファンドの値動き**です。
日経平均の値動きと連動するように、インデックスファンドの基準価額が推移しているのがわかります。

このように、**インデックスファンドはベンチマークと大体同じように動くという性質があります**

ベンチマークが上がったら投資信託の基準価額も上がって、ベンチマークが下がったら投資信託の基準価額も下がる……ってことですよね

100％必ず、とは言えませんが基本的にはそうですね

■なぜベンチマークと基準価額が連動するの？

インデックスファンドはベンチマークと同じ動きをすると考えられます。

例えば、日経平均株価は「日本を代表する225銘柄の上場株式の平均株価」でしたが、**これと連動したインデックスファンドでは、日経平均株価を構成する225銘柄のほぼすべてを、同じ構成比率で保有します。**

すると、**理論上では日経平均株価と同じ動きをする**ことになります。

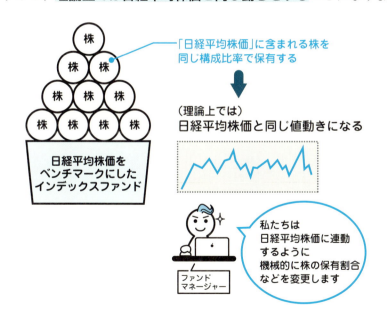

とはいえ、**インデックスファンドがベンチマークに100％連動するかと言えばそうではありません。**

これにはいくつか理由があるのですが、主な理由は以下の2つです。

- インデックスファンドには運営費用がかかるため
- インデックスファンドを解約する投資家に備えて、一部は現金を確保しているため

また、インデックスファンドでは、**ファンドマネージャーはベンチマークと同じ動きを目指して運用するだけ**なので、**パッシブ（消極的な）運用**と言われます。

パッシブ運用のインデックスファンドでは、後ほど出てくる**アクティブファンドに比べるとコストは安め**になっていて、**ノーロード**と呼ばれる手数料無料の投資信託もあります。

■ ベンチマークになる指数はいろいろ

ベンチマークになる指数には、TOPIXや日経平均株価のように株価に関する指数だけでなく、債券やREIT、商品に関する指数もあります。よくベンチマークに使用される有名な指数の例は以下になります。

国内株式に関する指数の例	
日経平均株価（日経225）	日本を代表する225銘柄の上場株式の平均株価
TOPIX（東証株価指数）	東京証券取引所一部上場の全銘柄の時価総額の動きを指数化したもの

海外株に関する指数の例	
ダウ平均	アメリカのさまざまな業種の代表的な銘柄を選出して指数化したアメリカの代表的な株価指数
S&P500	ニューヨーク証券取引所、NYSE MKT、NASDAQに上場している銘柄から代表的な500銘柄の株価を基に指数化したアメリカの代表的な株価指数
MSCIコクサイインデックス	日本以外の先進国を対象とした外国株式を指数化したもの

海外債券に関する指数の例	
FTSE/シティグループ 世界国債インデックス 除く日本（円）	多くの投資信託のベンチマークとして利用されるシティグループが提供するインデックス

REITに関する指数の例	
東証REIT指数	東京証券取引所に上場している不動産投資信託（リート）の全体の動向を表す指数

［投資信託の運用手法 ②］
プロにおまかせのアクティブファンド

次はアクティブファンドを見ていきましょう。
インデックスファンドはパッシブ（消極的）運用と呼ばれていると説明しましたが、アクティブファンドはその反対のアクティブ（積極的）運用の投資信託になります

積極的？？
なんか儲かりそう！

ははは。
インデックスファンドは指数と連動する動きを目指しましたが、アクティブファンドではベンチマークに入っていない銘柄も追加しながら積極的に運用していく投資信託です

■ ベンチマーク外の銘柄も追加しながら積極的に運用

　アクティブファンドにも、インデックスファンド同様にベンチマークが設定されていることが多いです（ベンチマークがない投資信託もあります）。

　インデックスファンドではベンチマークと同じ動きを目指して運用していくだけだったファンドマネージャーですが、**アクティブファンドでは、ベンチマークに含まれない銘柄も追加しながら、ベンチマークより上回る成績を目指して積極的に運用**していきます。

ファンドマネージャーの手腕が発揮されることになるので、投資信託によってはベンチマークを大きく上回る実績を上げることもあります。

ただし、**場合によってはベンチマークの実績を下回り、インデックスファンドよりも大きく悪い結果となることもあります。**

また、運用にかかる**コストもインデックスファンドに比べて高め**になることには注意が必要です。

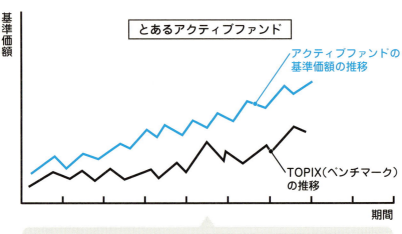

アクティブファンドでは、ベンチマーク（ここではTOPIX）より上回る成績を目指して運用される

私のトレード手腕に運用成績がかかっています

ファンドマネージャーの手腕によるってすごく怖くないですか？

その人がどんな風に投資するのかわかんないじゃないですか……

そうね……ファンドマネージャーの気分次第で、投資の方向性が変わるんじゃないかしら

ファンドマネージャーはプロですから、適当な投資はしないので大丈夫です

また、アクティブ運用の投資信託では「こんな基準で組み入れる金融商品を選んでいますよ」「こんな方向性で投資をしますよ」と言ったことが、きちんと説明されます

■ グロース投資とバリュー投資

アクティブ運用の投資信託の資料には『**グロース**』とか『**バリュー**』という言葉がよく出てきます。特に株式に投資する投資信託で見ることが多いでしょう。
これらは**アクティブ運用の際の投資方針を示した言葉**です。

グロース投資とは

グロース投資は、**成長を期待する投資方法**です。
例えば、企業が年々業績を上げている時にこの成長の流れに乗ろうという場合はグロース投資の考え方が基本になります。
企業だけでなく、新興国のこれからの成長に期待して投資する場合などもグロース投資になります。
新興国の成長に乗じて利益を狙うわけですね。

バリュー投資とは

一方のバリュー投資は、**割安なものに投資する投資方法**です。
企業の価値に比べて株価が割安になっていればそのタイミングで買って、適正な価格に戻るのを待つという投資スタイルです。

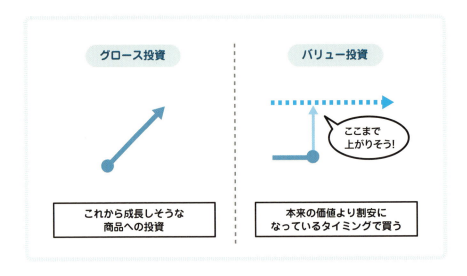

■ トップダウンとボトムアップ

　投資信託において、**どの投資対象を組み入れるかを決める際、トップダウンとボトムアップという2種類のアプローチ方法があります。**

　よく経営の世界でも使われるトップダウンやボトムアップという言葉ですが、**投資信託においては「先に何を決めるか」によって区別されます。**

トップダウンとは

　例えば、株式に投資するアクティブファンドを例に考えてみましょう。経済情勢や社会情勢から、どの国や地域、業種にどれだけの配分を投資するかを決め、決めた配分に基づいて投資する企業を決めていくのがトップダウンです。最初に大枠から決めるという考え方ですね。

ボトムアップとは

　一方の**ボトムアップの場合は、最初から企業を見ていきます。**
　国や地域、業種に関係なく投資する企業を選んでいくアプローチとなります。

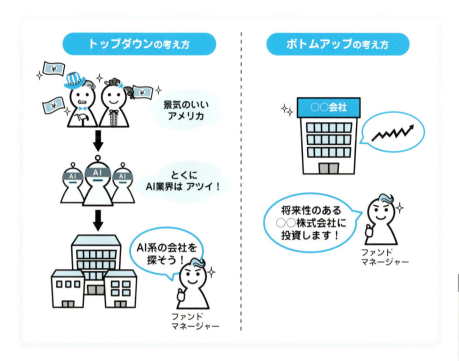

◼ 大型株と小型株

　大型株ファンド、小型株ファンドといった言葉もアクティブ運用の投資方針を示した言葉です。小型株や大型株に投資しているという意味です。

　大型、小型というのは株価の高いか安いかを言っているのではなく、**会社の規模についての話**です。
　会社の規模とはつまり「時価総額」のことで、**大型株は時価総額の大きな企業のこと**を言い、**小型株は時価総額の小さな企業**のことを指します。小型株の方が値動きは少し激しくなる傾向にあります。

グロース投資とバリュー投資、トップダウンとボトムアップ、大型株と小型株、これらはどれも投資の方針を示しているだけで、どちらが優れているというものではありません

またこれらの言葉はアクティブ運用でしか使わない言葉なので、これらが説明されていたなら、それはアクティブファンドです

3-04 アクティブファンドとインデックスファンドを比較しよう

インデックスファンドとアクティブファンドの違いがわかりましたか？

はい。
投資信託と一言で言っても、インデックスファンドとアクティブファンドで全然違うんですね

僕は、プロが運用してくれて儲けが大きいアクティブファンドの方が気になりました

インデックスファンドは手数料が安い点が素敵ね

ファンドマネージャーの手間がかからない方が、手数料は安く済むんですね

そうですね。**手数料は手間がかかるものほど高い**と思っていて大丈夫です

では、運用成績やコストなど、様々な面からインデックスファンドとアクティブファンドを比較してみましょう

アクティブは日本語で「積極的、能動的」といった意味で、パッシブはその反対の「消極的、受け身」という意味なので、運用の考え方として真逆です。

しっかり両方の特徴を把握して比較しましょう

■ベンチマークと同じ動きをしたほうがいいインデックスファンドと、上回った方がいいアクティブ運用

まずはベンチマークとの関係を比較しましょう

インデックスファンドもアクティブファンドもベンチマークを設定しているんですよね

はい。
アクティブファンドでは、全ての投資信託にベンチマークが設定されているとは限りませんが、多くの場合で設定されています。

ベンチマークと基準価額の理想的な関係は、インデックスファンドとアクティブファンドで違います

　ベンチマークと基準価額の値動きを比べた時にどうなっているとよいのかは、インデックスファンドとアクティブファンドの場合で異なります。

　インデックスファンドの場合はベンチマークと同じ動きが理想的で、アクティブファンドの場合はベンチマークよりもよいパフォーマンスであることが理想的です。

　そもそも、インデックスファンドではベンチマークと同じ動きを、アクティブファンドの場合はベンチマークよりもよい動きを目的として作られているのですから、目的を達成しているなら優秀な投資信託と考えられられるのは当然でしょう。

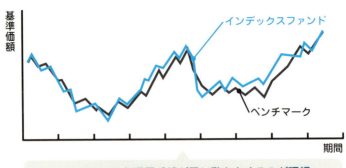

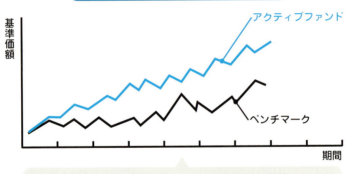

■実は勝率はインデックスファンドが高かった！？

日本の投資信託はほとんどがアクティブファンドです。
　アクティブファンドとインデックスファンドを比べたとき、プロが運用するアクティブファンドに魅力を感じる人が多いのでしょう。

　もちろん、アクティブファンドが大きな利益を生むこともありますが、必ずしもいい結果を残すわけではありません。

　同期間でほぼ同じベンチマークを採用した場合、インデックスファンドの方が運用成績がよかったという調査結果もあります。

■ 運用コストなどの比較

運用コストなどを含め、インデックスファンドとアクティブ運用の特徴をもう一度整理しておきますね

インデックスファンドとアクティブファンドの比較

インデックスファンド （パッシブ運用）		アクティブファンド （アクティブ運用）
・ベンチマークと同じ値動きを目指す ･･･ ベンチマーク ― インデックスファンド	運用目標	・ベンチマークを上回る成績を目指す ･･･ ベンチマーク ― アクティブファンド
・指数を構成する全銘柄に機械的に投資していく	投資判断	・ファンドマネージャーの手腕で行う
・運用コストが低い ・ノーロード（購入手数料無料）投資信託がある	コスト	・運用コストが高い
・市場と同じ収益しか得られない	収益	・市場を上回る運用結果の可能性もある ・市場を下回る運用結果の可能性もある ・実績に格差がある
・日経225やTOPIXなどの指標を使う ・ベンチマークから値動きがわかりやすい	ベンチマーク	・ベンチマークがないものもある ・ベンチマークと値動きが連動するわけではない
・市場全体に銘柄分散	その他特徴	・個性的で面白い投資信託がある

■ それぞれに良さがある

先生は日本の投資信託はアクティブファンドが多いって言ってたけど……
インデックスファンドの方が購入手数料も運用コストも安くて、勝率もいい……

くらべてみると、アクティブファンドに投資する意味がないと思うのですが…

そう考えるのも無理はありませんね。
確かに初心者の方にはわかりやすくてコストの安いインデックスファンドをおすすめしたいです

やっぱり

でも、アクティブファンドの中にも優秀なものもありますし、テーマを決めて投資している投資信託には魅力的で応援したくなるものがたくさんあるんですよ。

投資信託を見る目を養って、自らの目でしっかりと投資判断できるようになれば、アクティブファンドも面白いと感じるようになります

へ～、確かに面白そう

そう、投資は楽しみながら取り組むことも大切ですよ。
ただし、楽しみでやる投資は、「楽しんでできるレベルの投資金額」でやりましょうね

[投資信託の運用手法 ③] ファミリーファンド

■ 複数のファンドから資金を集めて運用する

　複数のファンド（ベビーファンド）の運用を一度に引き受けるファンド（マザーファンド）を通じて投資することを「**ファミリーファンド方式**」と呼びます。

　ファミリーファンド方式においてベビーファンドとマザーファンドは、**同じ運用会社で設定されていることもあり手数料は比較的低めに設定されていることが多い**です。

　実際の投資段階では信託報酬や過去の値動きなどから総合的に判断していきましょう。

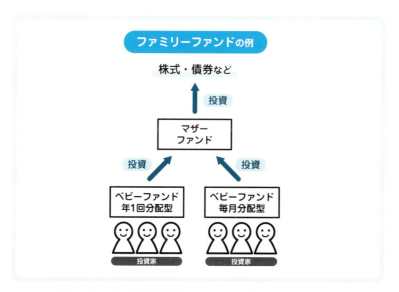

手数料などのコストを考えると、このファミリーファンド方式は有利ですが、一方で次に紹介する「ファンドオブファンズ方式」の方が、より沢山の投資対象に分散して投資できるメリットがあります

[投資信託の運用手法 ④] ファンドオブファンズ

■ 集めたお金を別の投資信託を通して運用

投資信託の資料などに、「当ファンドはファンドオブファンズ方式で運用し……」といったような表記が記載されていることがあります。

ファンドオブファンズ方式では、**投資家から集めたお金を別の投資信託を通して株式や債券に投資**します。

こうすることによって、投資家が直接投資しにくいような商品にも投資できるようになっているわけです。

ただ、ファンドオブファンズ方式では、**ファンドがファンドを購入しているという二重になっていて、他社のファンドを購入することもできる性質上、ファミリーファンド方式に比べて高い手数料となっている**ことが多いです。

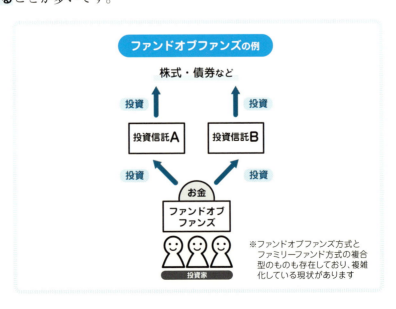

3-07 投資信託は「地域×投資対象」で選ぶのが基本！

投資信託の運用手法の解説が終わりました。
次は、投資信託の投資対象を勉強しましょう。

まずは、**投資対象の基本の考え方**から学習していきます。
ここでお話することは**分散投資の基本の考え方**でもあるので、しっかりと身に着けて下さいね

■ 投資信託は地域×投資対象で選ぶ

投資信託を選ぶ際には「**地域×投資対象**」が基本の考え方になります。

例えば、**日本の株式に投資する投資信託であれば、地域：日本×投資対象：株式**になります。

この考え方が大切である理由は、偏りなく色々な投資信託を持つのが理想的だからです。
何度か登場している「卵は一つのカゴに盛るな」という話ですね。
保有資産を分散させてリスクを分散させようということです。

しっかりと分散投資できているかどうかを見る時には「地域×投資対象」で考えると分かりやすいでしょう。
複数の投資信託に分散させたつもりでも「地域×投資対象」で考えると『地域』がアメリカばかりになっている、なんてことがあり得るわけです。
こうなるとアメリカ経済が悪くなった時に資産に大打撃を受けることになってしまいますね。

一方で『投資対象』を見てみると株式ばかりになっていることもあります。

特に、「運用利回りは5％以上欲しい」「純資産総額が100億円以上欲しい」といった条件を最初に決めて投資信託を選ぶと投資対象が偏ってしまいがちになります。

投資対象の偏りはリスクを分散させる上で理想的ではありません。
「地域×投資対象」を意識して投資信託を選びましょう。

分散投資を目指して、世界中のあらゆる投資対象に投資していくっていうイメージですか？

なんか、カッコイイですね

そうですね。
ただ、例えば新興国には日本では考えられないような特有のリスクがありますから、投資する際はよく調べてからにしましょうね。

それでは、地域×投資対象の例を見ていきましょう

■国内株式タイプ「地域：日本×投資対象：株式」

まずは国内株式タイプの投資信託を見ていきますよ

つまり、
地域：日本×投資対象：株式ですね

その通りです。二人とも日本の株式と聞くとどんなイメージを持ちますか？

う〜ん、あまりいいイメージはないかもしれません。日本の会社って、儲かってる感じがしないというか…

そう考える人が多いようですね。でも、**国内企業の決算は悪くありませんから検討の余地はあると思いますよ**

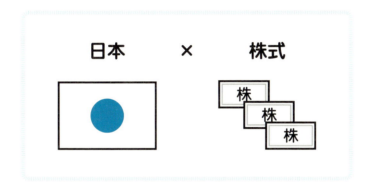

　日本の株式に投資する投資信託は数多く用意されています。
　TOPIXや日経平均株価などの日本の株価をベンチマークにしたインデックスファンドも、日本×株式の投資信託になります。
　もちろん、日本株に投資するアクティブファンドも多種多様なものがあります。

　日本×株式の投資信託のメリットは、何と言ってもわかりやすい点です。海外に比べて情報が多く入るのはやはり国内ならではです。

　ニュースを見ると「本日の日経平均株価は……」とキャスターが読み上げています。なんとなくでも、毎日耳にしている人も多いのではないでしょうか？

特に日経平均株価やTOPIXに連動するインデックスファンドに投資すれば、日本市場全体が上昇するときにはその恩恵を受けられます。これは思いのほか大事なことです。

「市場全体が上がっているのに自分だけ全然儲かっていない……」という寂しい事態を回避することができるからです。
　実際、皆が儲かっているのに自分だけ儲かっていないというのは想像以上に寂しいものなのです。

　日本×株式は値動きが小さいイメージがあるかもしれませんが、債券に投資する投資信託に比べると値動きは比較的大きくなります。

■国内債券タイプ「地域：日本×投資対象：債券」

次は国内債券タイプを見ていきますよ

地域：日本×投資対象：債券ですね

はい、正解です。
債券タイプ、それも国内の債券に投資するタイプの投資信託であれば値動きは比較的安定していると言えるでしょう

安定！　私の好きなタイプかも！

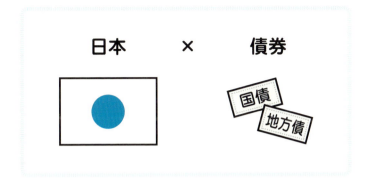

　円建ての国内債券に投資する投資信託は比較的値動きが安定しているので、安心して保有することができるでしょう。

　というのも、そもそも債券は発行体がつぶれてしまうケースを除けば元本が守られるという性質があるためです（倒産した際、返済順位が後回しにされることによって利率が少し高い劣後債と呼ばれる債券もあります）。

　逆に言えば、国内債券に投資するタイプの投資信託はそこまで大きな利益を狙えるわけではないということです。利益が大きくないぶん、コストは低く抑えられるように注意しましょう。
　特に、何度も乗り換えしているとコストが高くついてしまう可能性もあるので注意が必要です。

　ちなみに、債券にしか投資しない投資信託であってもパンフレットなどを見ると「株式投資信託」と表記されているケースが多いです。

　これは、1株でも株式を組み入れることができる投資信託を株式投資信託と言い、制度上はそうした分類にしておいた方が都合がよいという理由からです。

　実際に投資する際には**制度上の分類ではなく、投資対象を良く調べてから投資することが大切です。**

■海外株式タイプ「地域：海外×投資対象：株式」

次に地域：海外×投資対象：株式の海外株式タイプの投資信託を見ていきましょう

あ、先に言われた

何となくリスクが高そうなイメージです

そうですね。**本書で紹介する投資信託の中では最も値動きが大きい**と考えるべきでしょう

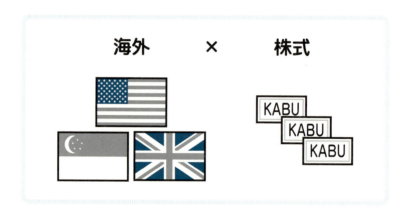

　海外株式タイプの投資信託は、比較的値動きが大きいと考えるべきです。
　特に、**新興国の株式に投資する投資信託は考えられないような値動きをすることもあり得ます。**

　こういうと、「危険だ」「投資しない方がよいんだ」と考えるかもしれませんが、そうとも言えません。

次のチャートを見て下さい。

これは、アメリカの株価の指標であるNYダウのチャートです。

見て分かるように100年以上前に比べてなんと100倍ぐらいになっています。

上下を繰り返しながらではありますが、それでも右肩上がりに上がってきている様子が見て取れます。

しかもアメリカは先進国ですから、アメリカよりも経済発展が遅れている国ならどうでしょうか。

これから人口が増えていき、それに加えて経済発展をしていくと考えたなら、株式を買って保有しておくことはいわば投資のセオリー通りの戦略とも考えられます。

そして、海外の株式を直接売買する場合は、本来現地の証券会社で口座開設をする必要があるなど、投資するまでのハードルが高いのが一般的ですが、投資信託を使えば簡単に実現してしまいます。

　ただし、海外の株式に投資する場合、株価の値動きに加えて為替にも注意しなければなりません。これを**為替変動リスク**と言います。

　簡単に言えば、**海外株自体は値上がっても為替差益で損が生まれるといったことがありえる**というリスクです。
　例えば、米国株の値段が上がったとしても、為替が購入した時より円高に進んでしまうと、投資信託の基準価額にとってマイナス要因となってしまいます。
　為替変動リスクについては第4章で詳しく解説します。

■海外債券タイプ「地域：海外×投資対象：債券」

次に地域：海外×投資対象：債券の海外債券タイプ
の投資信託を見ていきましょう

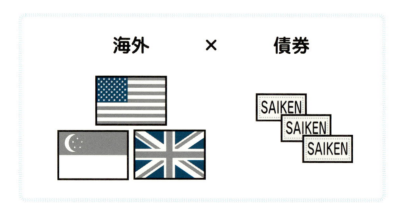

海外の債券も、日本と同じようにリスクが少ないのかしら。でも、海外だから為替の影響があるかも

そうですね。海外×債券にも為替の影響がでます。
また、海外の債券は国内の債券に比べて値動きが大きくなることも多いんですよ

　国内債券は値動きが少なく、比較的安定した値動きでしたが、**海外債券に限って言うと「債券＝安定した値動き」という考えでいると、痛い目に遭う可能性**があります。

　これは、一つにはあき子さんが言っていたように為替変動が影響しています。
　国内債券では考える必要がなかった為替リスクが海外債券では重要な要素となるからですね。

　海外債券では、それに加えて**債券価格の変動にも注意が必要**になります。

　例えば、「ハイイールド債券」という高利回りの債券があります。これに投資する投資信託はその利回りの高さから人気を集めていますが、**ハイイールド債は投機的格付けとされる債券でリスクは非常に高い**のです。
　そのため、値動きが大きくなるケースもよく発生しています。

　日本では国債と聞くと安心、安全なイメージを持つ人が多いでしょうが、新興国の場合は政情不安の国も多くあり、日本の国債ほど安心してはいられません。

　債券が安定した値動きというのは国内に限った話と考えて、海外債券に投資する場合はこれまでの基準価額がどのような値動きをしてきたのかも注意深く見てから投資しましょう。

　過去にあまりに激しい値動きをしているなら、またそんな値動きになる可能性を秘めていることがわかります。

海外債券の例

為替リスクだけじゃなくて、債券価格の値動きが大きいものもあるのですね。債券が安定しているのは、日本だけなのね〜

そうですね。では海外債券にはどんなものがあるのか、その種類を見てみましょう

ソブリン債

ソブリン債とは**各国の政府や政府機関などが発行、あるいは保証している債券**のことを言います。

政府や政府機関という言葉からわかる通り、比較的安全性は高いと考えてよいでしょう。

とはいえ、各国の政府や政府機関の信用力には差があるので注意も必要です。

エマージング債

エマージング債は海外債券の中でも特に**新興国の政府や政府機関が発行する債券**です。

新興国という属性もあり、ソブリン債に比べると利回りは高め、リスクも高めと考える必要があります。

値動きはソブリン債に比べると多少大きくなるとイメージすればよいでしょう。

日本にいる限り、国債や政府保証債と聞くとかなり安全性が高いイメージを持つと思いますが、**新興国は急激なインフレや為替変動、財政危機や政権交代など、日本では考えづらい事態も発生しやすい**ものなのです。

ハイイールド債

先述したように、ハイイールド債に投資する投資信託は高い利回りで人気を集めています。

ただ、あくまでも「**投機的格付債**」であることは忘れてはいけません。

投資信託ですから、たくさんのハイイールド債に分散投資されているので、たった一つの債券がデフォルト（債務不履行）となったところで、大きく基準価額が下落することはないかもしれません。

しかし、それでも景気が悪化してしまえば一気に売られたり、また一つの企業のデフォルト（債務不履行）が連鎖的な売りを呼び、基準価額が大きく下落していく可能性もないわけではありません。

債券という名前がついているので安心しがちですが、値動きが大きく、プロ向きであることは覚えておいてください。

■ 不動産タイプ：REIT

お二人は不動産投資に興味を持ったことはありますか？

ありますあります！

知り合いに親から相続した不動産をを保有している人がいて家賃収入がある人がいてうらやましいです。
やっぱ夢ですよね。不動産投資生活！

学生時代の友人にも不動産投資に取り組んでいる人がいます。会社員という立場は信用力が高いから融資がおりやすいとかなんとか……

えっ、じゃああなたにもできるんじゃ…！

ちょっと待った。
実は、不動産投資って投資信託でも実現できるんですよ。これをREIT（リート）と言います

不動産に投資する不動産投資信託というものがあります。

これは**REIT（リート）**と呼ばれるもので、投資信託の中でも人気が高いものの一つです。

REITはショッピングモールのような**商業施設やオフィスビル、マンションなどに投資していて売買益や賃貸収入を投資家に分配する仕組み**になっています。

国内の不動産に投資する国内REITもあれば、海外不動産に投資しているものがあります。

つまり、
地域：日本×投資対象：不動産
地域：海外×投資対象：不動産
というケースがあるということですね。

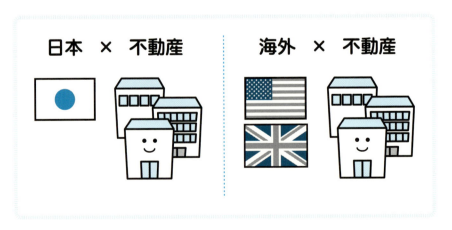

REITは実際の不動産投資のイメージで投資する人も多いこともあって、家賃収入のように毎月分配金が貰えるものも数多く存在します。

なんだか自分がマンションのオーナーになるみたいでうれしいわ

わかるわかる！
配当金が家賃収入みたいで、夢の大家さんになれたみたい♪

そうですね。
でも、分配金だけじゃなく基準価額もチェックしなければいけませんよ

REITに限らず、**分配金が魅力的な投資信託は、分配金だけに気を取られてしまい、気が付いたら基準価額が暴落していた……なんてことがあります**から

魅力的な分配金には注意すること

　本来、不動産投資は大金が必要なものです。
　投資信託なら小口から不動産投資ができると考えればREITはかなり魅力的に見えますよね。

　でも、分配金がしっかりと運用の成果として出ているものなのかについてはよく調べる必要があります。

　分配金目当てに投資していても、運用成果が出ていなければ分配金が引き下げられることもあります。
　また、分配金をもらっていて安心していたら基準価額が下落し続けていた、なんてケースもあります。

これで「地域×投資対象」の分類は終わりです。
最後にそれぞれの特徴を表にまとめました。
投資信託を買うときの参考にしてください

基本の「地域×投資対象」のまとめ

	特徴	注意点
日本 × 株	・日本の株価のことだからわかりやすい ・インデックスファンドに投資すればみんなと一緒に喜べる	・日本×債券よりは値動きが激しい
日本 × 債券	・なんといっても安定感 ・元本保証されている	・値動きが小さい
海外 × 株式	・比較的値動きが激しい（とくに新興国）	・為替の値動きも考慮に入れる必要がある
海外 × 債券 （ソブリン債、エマージング債、ハイイールド債など）	・債券価格の変動がある	・為替の値動きも考慮に入れる必要がある
REIT （国内不動産、海外不動産）	・投資信託で不動産投資ができる ・マンションなどに投資して売買益や賃貸収入が分配される	・分配金の出所をきちんと見分けることが必要

3-08 「分散型（バランス型）投資信託」ってなに？

投資信託では、投資先を分散することでリスクを回避できることは、ここまで何度も話してきましたね

はい。値動きが違う投資信託をいくつか持つことで、分散投資になるんですよね

そうです。
前節の「地域×投資対象」はそのための考え方です

値動きがバラバラな投資信託を複数持つことで、分散投資の効果が得られます

どれかの価格が下がっても
どれかが上がっていたら安心♪

国内債券の投資信託
海外債券の投資信託
国内株の投資信託
海外株の投資信託

分散投資の例

なるほど。でも、それって面倒じゃないですか？
だって、いくつもの投資信託を管理しなきゃいけないってことですよね

どう組み合わせるのかを決めるのは意外に楽しいという人が多いんですよ。
でも、自分でやりたくないという人のための投資信託もあります。それが分散型（バランス型）投資信託です

■一つの投資信託の中で分散して投資できる投資信託

通常、投資信託と言えば、株式に投資するものや債券に投資するもの、不動産に投資するもの……といった具合に、投資対象が一種類であるケースが多いです。

でも、**中には一つの投資信託の中で株式、債券、REITなどに分散して投資するタイプの投資信託もあります。**
これが、「**分散型（バランス型）投資信託**」です。

分散型（バランス型）投資信託では、株や不動産と言った種類だけではなく、国内や海外にも分散して投資してくれるものもあります。
この分散型を1つ持つだけで、分散投資をしていることになるのです。

分散型（バランス型）投資信託の例

1つの投資信託にいろいろなジャンルの金融商品が入っている！

■必ずしも分散型が正解ではない理由

えっ、めちゃくちゃ便利ですね！
最初から分散型（バランス型）投資信託だけに投資していればいいのでは？

そう言われると思いました。
でも、必ずしも分散型の投資信託が正解というわけではありません。 その理由をお話しします

理由❶ 人によって投資意向が異なるから

投資意向は人によって異なります。
比較的安定した値動きのものがいい人もいれば、多少リスクを取ってでも資産の拡大を狙いたい人もいるでしょう。

しかし、分散型の投資信託ではどうしても平均的な運用成果を狙いに行くことになります。

また、その平均的な運用成果に対しても「もう少し安定したものがいいんだよね」「世界情勢が安定しているときはもう少し利益を狙いたい」といったように、人それぞれ少しずつ意向は違うものなのです。

こういう思いを分散型で叶えるのは難しいでしょう。
自身で勉強して最適な組み合わせを考えたほうが得策と言えますね。

理由❷ 通常の投資信託に比べて手数料が高いことが多いから

分散型の投資信託は、運営にかかるコストが高めであることが多いということも知っておきましょう。
株式や債券など一種類の金融商品に比べて、情報を集めることにも分析にも手間がかかることはなんとなく想像できるはずです。

投資においてコスト意識は大切です。分散型（バランス型）の投資信託に投資する際にはしっかり調べましょう。

理由❸ 微調整が難しいから

分散型（バランス型）投資信託はどうして基準価額が上がったのか、また下がったのかが分かりづらく微調整が難しい面があります。

例えば日本の株式だけが何らかの要因で急騰した場合、日本の株式に投資しているお金だけ一度売却して利益を確定したいと考える人もいるでしょうが、分散型（バランス型）投資信託はそれができません。

複数の投資信託を自身で管理していれば、予定よりも大きな上昇となったものだけ一度利益確定で売却するといった選択ができるわけです。

■ひとつの選択肢としてはアリ！

今回は特に、リスクをたくさん紹介しましたが、**手間を省いて自動的に複数の種類の金融商品に分散投資できるのは分散型（バランス型）投資信託の大きなメリット**です。

一つの選択肢として考えてみるのも悪くはないでしょう。

分散型（バランス型）投資信託のメリットとデメリットを紹介しましたが、理解できましたか？

メリットがあればデメリットもある、これは何も分散型の投資信託に限った話ではありません

3-09 「ファンドラップ」ってなに？

分散型（バランス型）投資信託のついでにファンドラップも学習しちゃいましょう

あ、それ聞いたことあります。
テレビでCMやっていたような……

ファンドラップとは個人投資家が証券会社などと投資方針を明確にした上で投資一任契約を結び、まとまった資金を投資信託で運用してもらうサービスのことを言います

？？？？

詳しくお話ししますね

■ファンドラップとは

　最近、CMなどでよく目にするようになった「**ファンドラップ**」も、投資信託で運用するのが一般的です。

　主に証券会社などが運営するサービスで、**500万円以上や1,000万円以上といったようにまとまった資金を運用してもらうことが前提**になります。
　投資家は最初の契約の際に投資目的や投資期間、投資方針を決定します。

この決定情報を基に、証券会社が運用をしていきます。

メリットとしては、カウンセリングやヒアリング等、きめ細かいサービスを受けられる上に、**自分で決めた投資方針に従って運用してもらえる**点があります。

自身で投資について考えることにわずらわしさを感じる人にとっては便利なサービスと言えますね。

一方、デメリットは、多くの場合でまとまった資金がないと使えないサービスであることや、コストが高い点があげられます（※最近はお試しプランなど、少額からトライできるプランも用意されるようになってきました）。

コストについて言えば、あらかじめ決められた一定の手数料を資産残高に応じて負担するか、あるいは成功報酬の手数料体系を選ぶことになるサービスが多いです。

なんか、お金持ちの人向けの商品って感じがするわ

そうですね。若い人が資産を形成するために使うというよりは、**退職金などまとまったお金があるけど、すぐに使う予定がない人などが利用することが多い**ようです。

証券会社などのCMを見ても、そうした人を狙っている感じを受けますね

僕らには、まだ遠い話だね

名前からどんな投資信託か見えてくる

投資信託には、**名前からどんな投資信託なのか、想像できるもの**がたくさんあります

多くの投資信託は、その名称からどんな商品なのかを想像できます。

例えば「野村グローバルボンド投信」という投資信託があったとします。この名前から読み取れる情報は以下になります。

- 野村〜〜という会社が運用している（正確には野村アセットマネジメント）
- グローバルだから世界中に投資している
- 「ボンド」は「債券」の意味だから債券に投資している

この例のようにファンドの名称は

- 運用している会社
- 運用の対象地域
- 運用対象の金融商品の種類

で決められていることが多いのです。

最近のファンドは覚えてもらったり、検索で見てもらうことを狙って愛称を設定することが多くあります。
もちろん、**可愛い愛称だけで投資信託を選んではいけません**

3-11 毎月分配型の投資信託、本当に儲かっている？

先生！
分配金が出るタイプの投資信託について教えてください！
毎月受け取れる投資信託に興味があります

毎月もらえるなんてすごいな〜！
そしたら僕のお小遣いも…

なに言ってるの。どうせ無駄遣いするくせに

まぁまぁ。
確かに、毎月分配金がもらえる投資信託は人気がありますね。ただ、注意が必要なんですよ

注意？

はい。
分配金を受け取っていると何となく儲かっている気分になってしまいますが、本当に儲かっているのか、ちゃんと注意しなければいけません

■毎月分配型の注意点❶　基準価額も見ている？

　毎月分配金を受け取っているとそれだけで得した気分になってしまい、**投資信託自体の価値を判断することを忘れてしまう人がいます。**

そのため、**気付いたら受け取っている分配金以上に基準価額が下落しているというケース**もあります。

分配金をもらっていても、**トータルで見ると損失を出してしまっている状態**です。

利益は、基準価額と分配金の両方を考慮してトータルで考える必要があります。

具体的に説明すると、「現時点での基準価額」に「買った後に受け取った1万口あたりの分配金の総額」と「買った時点での基準価額」を比べて考える必要があります。

「現時点での基準価額」+「買った後に受け取った1万口あたりの分配金の総額」>「買った時点での基準価額」となっていればトータルでは利益になっていることになります。

逆に「現時点での基準価額」+「買った後に受け取った1万口あたりの分配金の総額」<「買った時点での基準価額」となっていればトータルでは損失になっていることになるわけです。

■毎月分配型の注意点❷　コストが高くついてない？

これまでに何度かコストの話が出てきましたが、「**手間がかかる投資信託やしくみが複雑な投資信託は、コストが高い**」という共通点がありました。

分配金を出すタイプの投資信託もまた、手数料、信託報酬などのコストが高めになる傾向にあります。

そっか〜…
毎月分配するってことはそれだけ手間がかかってるってことだから、コストも高くつくんですね

■毎月分配型の注意点❸　複利の効果が薄まってない？

複利の効果が偉大であることは、第2章でも紹介しました。

最初は少ない金額であっても、利息が加わって元本が大きくなり、大きくなった元本にまた利息が付いて……と**雪だるま式の資産拡大を狙える点が複利の効果のポイント**でしたね。

資産を形成する際に考慮したい考え方がこの複利の効果だったわけですが、毎月分配となるとどうでしょうか？

お金を分配金として投資信託から払い出してしまう、それも毎月払い出してしまうわけですから**元本部分が大きくなっていかない**ことになってしまいます。

毎月分配型に限らず**分配金を出すタイプの投資信託は、複利の効果を利用した資産形成とは少し相性が良くないと言える**でしょう。

そっか。複利のこと忘れてました

 逆に言えば、**分配金を出さない投資信託は複利の効果も期待できる**ということです。

ちなみに、毎月分配型の投資信託でも**「分配金を再投資する」というオプションを選べる**投資信託もあります。

これを選択すれば、**もらうはずだった分配金はそのまま投資に回される**ので複利の効果のメリットを得られるようになります

■ 毎月分配型の注意点❹　特別分配金は誰のお金？

分配型がお気に入りのあき子さんに知って欲しいことがもう一つ

まだあるんですか！

「分配金をもらえていれば万事OK！」
そう考えてしまう人も多いのですが、これは少し危険な考え方なんですよ。
というのも、分配金は必ずしも運用から出ているとは限らないんです。

ええ！どういうことですか！

実は、時には元本を削って分配金を払い出すことがあるんです。これを「特別分配金」と言います

　分配金は必ずしも毎回運用で儲かったお金から出ているわけではありません。
　時には元本を削って分配金を払い出すことがあり、これを**特別分配金**と言います。特別分配金は下図のようなしくみになっています。

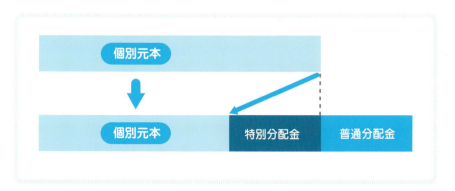

運用によって出た資金を分配金として支払うのが普通分配金で、**元本を削って支払うのが特別分配金**です。

　この図のように特別分配金を払い出してしまうと個別元本が減ることになります。

　受け取ったお金は自分のお金を払い出されただけということになってしまっているわけです。

自分のお金を払い戻されているだけなんて！
元本が減ってるじゃないですか！！！

まぁまぁ。
「分配金が出ているから安心」という考え方は少し危険と言う意味がわかりましたか？

そうみたいですね…

あき子さん、元気出して…
先生、じゃあ毎月分配型の投資信託は、どういう人に向いている投資信託なのでしょうか？

そうですね。どちらかというと、既に資産を形成した人向けと考えられますね

なるほど。
老後の年金代わりでもらうって感じで活用するのがいいのかもしれませんね

「通貨選択型」に注意しよう

先生、僕は「通貨選択できる投資信託」っていうのが気になります。
ブラジルレアルコース？ で儲かるとかなんとかで、一時期話題になってましたよね

そうですね。
「通貨選択型」もまた、人気のある投資信託ですが…

先生、なんだか歯切れが悪い。
ひょっとしてこれもあまりおすすめじゃないんですか？

一言で言えばそうですね……
人気を集めている通貨選択型は仕組みが複雑でリスクも高い投資信託ですが、儲かりそうな雰囲気から人気があります。

しかし、どういったしくみなのかを理解しないまま投資している人が多いのが現状です。

■ リスクが大きく増えている通貨選択型投資信託

通貨選択型の投資信託では、希望の通貨を選択し、その通貨の恩恵も受けようという考え方を基に作られています。

- 豪ドル（オーストラリアドル）
- NZドル（ニュージーランドドル）
- ブラジルレアル
- 南アフリカランド

といった通貨を選択できるようになっていることが多いのですが、投資対象に加えてこれらの通貨に関わる損益の影響を受けることになります。

初心者に向かない複雑な内容なので本書では細かい解説は割愛しますが、噛み砕いて簡単に言うと、以下のような仕組みになります。

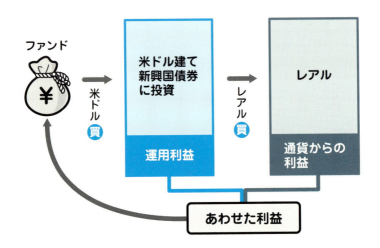

米ドル建てで新興国債券に投資し、さらに米ドルを売りレアルを買うと、新興国債券の利回りに加えてブラジルレアルと米ドルの金利差収益（ヘッジプレミアム）が期待できる……というような内容です。

通貨選択型では、以下の両方の影響を受けるようになります。

- 円高・円安といった為替変動による上下動の影響
- 為替プレミアムの影響

通貨選択型で選択した通貨の金利が投資対象資産の短期金利よりも高ければその金利差が収益の源泉となるのです。

難しいですが、「投資対象と選択した通貨、その両方の損益が関係している」と考えればよいでしょう

通貨選択型のパンフレットにはよく次のような絵が描かれています。

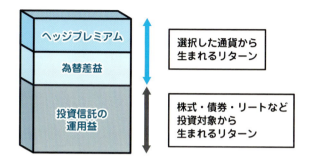

この絵だけを見れば通貨選択型は運用対象以外にも収益源があり、かなり儲かりそうに見えます。

勿論、プラスに動けば収益源になるのは間違いありませんが、その逆もありえます。そして、**通貨選択型で選択できる通貨の多くは先進国に比べてリスクが高いと考えるべき新興国の通貨を利用している**ことが多いのです。

一見かなりオトクな仕組みに見えますが、新興国の通貨はリスクも高いので注意が必要なんです。

■コストも高い

仕組みが複雑な通貨選択型の投資信託は手数料、信託報酬などのコストが高めになる傾向にあることは何度かお話ししました。

投資信託のランキングには、通貨選択型でなおかつ毎月分配型の投資信託がランクインしていることがよくあります。

もちろん、魅力的だと感じる人が多いのも確かでしょうが、金融機関が高い手数料を狙って購入を促した可能性を否定できません。**よく分からないものが儲かりそうに見えることは多いものですが、取り返しのつかない損失になる前に、マイナス面も含め勉強してから投資に望むのが大切**と覚えておいてください。

3-13 その他の投資信託いろいろ

ここまで色々な投資信託を見てきました。
最後に、紹介しきれなかった投資信託を紹介しますね

え？　まだあるの〜？

あと少し！　ファイトです！

では、投資信託の学習をしていくうちにきっと目にすることになるであろう、その他の投資信託について解説していきます。

本書ではここ以外に登場しませんが、一応知っておいてほしい投資信託たちです。
「へ〜、そんなものもあるんだぁ」といった感じでOKですので、一読してみてください

■ 公社債投資信託

　公社債投資信託とは債券を中心として運用されている投資信託です。「MRF（マネーリザーブファンド）」や「中期国債ファンド」がこの種類になります。

　証券会社にお金を現金として預け入れている場合は、MRFで置かれることがほとんどです。

その他の投資信託いろいろ　**3-13**

　つまり、証券会社では現金状態のお金は自動的に MRF で運用されるということです。

　この説明を聞いて「それって怖くない？」と思った人もいるかもしれません。
　確かに、投資信託は元本割れのリスクがあるわけですから、現金で置いておきたいのに勝手に投資信託にされていては不安に感じるかもしれません。
　しかし、**MRF は過去に一度も元本割れを起こしたことはなく、極めて安全性の高い債券で運用されている**ので安心してください。
　なお、安全性が高い反面、収益を狙うという点においてはほぼ期待できません。

■ 上場投資信託（ETF）

　次に**上場投資信託**を見ていきましょう。
　上場投資信託（Exchange Traded Fund = ETF）とはその名の通り、株式市場に上場している投資信託のことを言います。

　仕組みは少々複雑なので割愛しますが、**株式市場で株式と同じように売買できる投資信託**と考えていただければ問題ないでしょう。

　実はこの ETF、メリットがたくさんあります。
　まず、コスト面のメリットが挙げられます。
　ETF の買い付けにかかる手数料は株式と同様の手数料体系となっているため、一般的な投資信託より安くなることが多く、信託報酬も非上場の投資信託に比べて低いケースが多いです。

　また、非上場の投資信託の場合は、毎営業日ごとに一度だけ基準価額が決まる仕組みのため、買う際も売る際も希望の価格で買うことはできませんが、**ETF の場合は市場で株式と同様に売買できる**ため、指値注文などにも対応できます。

117

これは、ETFの大きなメリットと言えるでしょう。

■ レバレッジ型

レバレッジ型と呼ばれる投資信託もあります。この「レバレッジ」という言葉は、日本語では「梃子」を意味します。

梃子は小さい力を大きな力に変えることができる仕組みですが、この仕組みと同様、本来よりも値動きを大きくするときにこのレバレッジという言葉が使われます。

例えば、**日経平均株価に2倍連動するレバレッジ型の投資信託**の場合、**日経平均株価が1％上昇すると投資信託の基準価額は2％上昇する**といった具合です。

効率的な資産拡大を狙える可能性はありますが、当然、その分逆に動いた時に損失は大きくなりますので注意が必要と言えるでしょう。

これで一通り目を通しておいてもらいたい投資信託の種類は出揃いました

やっとかぁ〜

大変だったけど、いろいろな投資信託を学べて楽しかったわ

ありがとうございます。

世の中には様々な投資信託がありますから、見ているけで勉強になりますよ

3-14 投資信託を勉強するのに便利なサイト

先生は「投資信託を見るのも勉強になる」と言っていましたが、
投資信託ってどこで探せばいいんですか？

それでは、色々な投資信託を見るのに便利なサイトを紹介しましょう

■ モーニングスター

URL https://www.morningstar.co.jp/

投資信託に関する情報が揃っているのがモーニングスターです。
このサイトはやはり、情報の多さがポイントです。

証券会社のサイトの場合、当然ですがその証券会社が扱っている投資信託の情報ばかりですが、モーニングスターであれば特定の証券会社に関係なく情報を掲載してくれているので、好みの投資信託を選ぶには適していると言えるでしょう。

　また、目標金額を設定して目標に適した投資信託を選ぶことができるページがあるなど、様々な機能がこのサイトには備わっています。
　投資信託選びの強い味方になってくれることは間違いないでしょう。

■ 投信まとなび

　投信まとなびも、モーニングスターと同様、投資信託の情報を幅広く集めるために適したサイトと言えるでしょう。
　モーニングスターにも同様の機能がありますが、会員登録をすることで自分だけのポートフォリオを設定することができます。

　投資信託にニュースがあった場合にはアラート機能でお知らせして

くれるサービスもあり、個人投資家の強い味方となってくれることでしょう。

■証券会社のサイト

　投資信託に力を入れているネット証券会社のサイトでは、個別の投資信託に関する情報がたくさん掲載されています。

　特に長い期間のチャートを見ることができる証券会社のサイトは便利です。

　もちろん、証券会社によって扱っている投資信託に差があるので注意が必要ですが、口座開設をしなくても使える機能が豊富にあるサイトが多いので、一度覗いてみることをおすすめします。

便利なサイトが沢山ありますね

これ以外にも、個人投資家の方が自身の運用の実績や成果を公開しているサイトはなかなか参考になりますよ

そうなんですね。色々なサイトを見てみたいな

是非。
ただ、個人投資家の方のサイトに書かれている個人的見解に影響を受けすぎないことが大切ですよ。

理想はやはり自身で勉強して判断基準を養っていくことです

■投資信託を見てみよう

　投資信託は6000もの数があることは既に紹介しましたが、どんな投資信託があるのかを見ることはとても勉強になります。

「地域×投資対象」で見ていくのもよいでしょうし、インターネット上には投資信託の利回りランキングや人気ランキングといった情報もあふれています。

　気になった投資信託の基準価額を一定期間チェックしているのもよいでしょう。

「これ、儲かりそうだな」「これは損になりそうだな」
　といったように、感覚をつかむことができるようになります。

　今は未だどんな投資信託に投資したいのかよく分からない人も、投資の前に最低限必要な不測の事態に備えたお金が溜まっていない人も、こういった勉強は先にはじめることができます。

　ぜひ、自分自身で研究してみてください。

投資信託の選び方

投資信託には実に様々な種類があり、その数は年々増え続けている印象があります。
沢山の投資信託からよいものを選ぶためには『投資信託を見る目』を養わなければなりません。
ここでは、実際の商品資料などを紹介していきますので、どこを見ればよいかなどを確認していきましょう。

4-01 投資信託にかかるお金とは？
3大コストを理解しよう。

今日は、具体的に投資信託を買うときの注意点を学習します。

その前に、投資信託に関わるコストを考えましょう。**投資信託を買うには、購入費用以外にも様々な手数料がかかります**

ここまでにも手数料の話は何度か出てきましたね

手間がかかる投資信託にはコストが高く付くんですよね

そうですね。
コスト面も、投資信託を選ぶときの大事な基準です。
投資信託にかかる3つのコストのことをしっかり覚えておきましょう

■投資信託運用の3つのコスト

投資信託では3つのコストを考える必要があります。

- 販売手数料
- 信託報酬
- 信託財産留保額

というコストです。どれも0.5％とか2％とか、数パーセントの話になるのですが、金額が大きくなればなるほど、また運用する期間が長

くなればなるほど非常に大きな金額の差となってしまいます。

3つのコストがそれぞれどんなものであるのかについてはしっかりと理解して、投資信託を選ぶ際の基準の一つとして考えていきましょう。

投資信託3つのコスト その❶ 販売手数料

まずは販売手数料について見ていきましょう。**販売手数料は買い付け時に1回だけかかる費用**になります。

対面の証券会社や銀行、郵便局では販売手数料3％の商品が多くあるのですが、例えば、販売手数料が3％（税別）の投資信託を100万円買い付ける場合はどうなるでしょうか？

100万円×3％＝3万円が販売手数料になります。さらに、この金額に消費税がかかるわけですね。

どうでしょう？　結構大きな金額になることが予想できたでしょうか？

私たちは一気に100万円も買い付けすることはなさそうだから、この話は気にしなくていいかも…

いえいえ、そんなことはありませんよ。
では、月々5,000円ずつ投資していく場合の販売手数料を見てみましょう

仮に毎月5,000円ずつ、20年間投資信託を買って行くとどうなるでしょうか？

毎月5,000円×12か月×20年＝1,200,000円ですから、1,200,000×3％＝360,000円が販売手数料になります。

毎月の投資額は5,000円ですから、36万円は7か月分以上に相当しますね。

　　　7カ月分以上のお金が手数料に…！！！

　販売手数料を考えないと結構大切なことになると感じてもらえましたか？

　コストになる販売手数料は低いのが理想的です。
　投資信託には「**ノーロードファンド**」と呼ばれる、**販売手数料がかからない投資信託**もあるので、ぜひ探してみてください。

　また、**同じ投資信託であっても販売会社によって販売手数料が異なることがある**ので注意が必要です。
　同じ投資信託であればどこで買っても運用の成果は変わりませんから、少しでも販売手数料が安いところで買うことを心がけましょう。

　必ずというわけではありませんが、販売手数料には一般的に以下の傾向があります。

- 対面での接客がある販売会社よりもネット専業の販売会社（ネット証券など）が安いことが多い
- アクティブファンドよりもインデックスファンドの方が安いことが多い
- ノーロードファンドでも信託報酬が高い可能性があるので、トータルのコストを注意深くみるべき

投資信託３つのコスト その❷ 信託報酬

　次は「信託報酬」です。**信託報酬は、投資信託の運用にかかるコスト**のことを言います。
　年0.5％〜2％前後ぐらいのケースが一般的ですが、**運用にかかるコストであるため、運用期間中かかり続ける**ことには注意が必要です。

信託報酬はまさに「ちりも積もれば山となる」です。信託報酬がクセモノなのは、

- **いつの間にか取られている**
- **運用期間中は取られ続けている**

という点にあります。

「いつの間にか取られている」という表現にはびっくりするかもしれません。
もちろん、「信託報酬がかかりますよ」ということを隠しているわけではないので勝手に取られているわけではありません。

ただ、私たちが見ている**投資信託の基準価額は、既に信託報酬が差し引かれている価格**なのです（年に一度引かれるのではなく、日割り計算して日々控除される形になっています）。

つまり、**表向きには負担していることがわかりづらく、いつの間にか負担させられているようなコスト**と考えることができます。

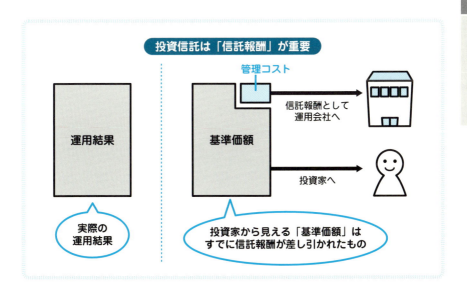

ですから、信託報酬は最初にどれぐらいかかるのかを把握しておくことが大切です。

投資信託を選ぶときに販売手数料を一生懸命調べる人は多くいます。もちろん、販売手数料は大切ですししっかりと調べる必要はあるでしょう。

でも、**トータルで考えると信託報酬の方が販売手数料よりも沢山のコストがかかっていることは珍しくありません。**

投資信託を選ぶ際には販売手数料だけでなく、信託報酬も見なければいけない、と覚えておきましょう。

販売手数料と違って、**利益から引かれるから取られていると感じないのが信託報酬**です
ちりも積もれば大きな額になるので、しっかり見るようにしましょう

投資信託3つのコスト その❸ 信託財産留保額

信託財産留保額は、投資信託を解約する際にかかるコストです。

投資信託は株式や債券などで運用されていますが、仮にあなたが、100万円分の投資信託を解約すると、その分だけ株式や債券を売却して現金化しなければならなくなります。

その解約にかかる費用を投資信託を持ち続けている人で配分するのは不公平になりますから、投資信託を解約する人にペナルティとして支払ってもらいます。これが**信託財産留保額**です。

信託財産留保額は解約時に0.1％〜0.5％程度が一般的で、投資信託によってはないものもあります。
買い付け時と解約時には確認しましょう。

投資信託にかかるお金とは？3大コストを理解しよう。 4-01

解約迷惑料みたいな感じかな〜
お金がかからないこともあるんですね

投資信託にかかる一般的なコストとして
「販売手数料」「信託報酬」「信託財産留保額」の3つを
紹介しましたが、それぞれの呼び方は解説している
資料などによって異なることがあるので注意してく
ださいね

■コストを含めて総合的に判断しよう

コストは低い方がいいですね。コストの低いものを
買うことを心がけます

そうは言っても、コストが安いというだけの理由で
飛びつくのもいけませんよ。

また、コストは価格だけでなくかかる頻度について
も考えてくださいね。
投資信託のコストのうち、信託報酬は保有中ずっと
発生し、販売手数料と信託財産留保額は売買の都度
かかります

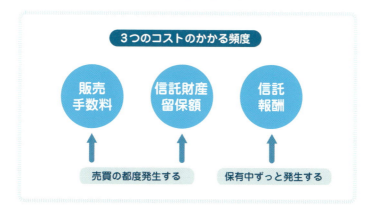

4日目 投資信託の選び方

あ…そうか。
じゃあ、買っては解約し、買っては解約し…を続けていると…

そうです。
所有している投資信託を解約して、同時にほかの投資信託を購入することを「乗り換え」といいますが、乗り換えのたびに、その都度手数料がかかります

何度も乗り換えていると手数料ばかり払い続けることになりそうね…

その通りです。

もちろん、手数料を考慮した上で乗り換えるべきだと判断しているのであれば問題はありません。

でも、販売会社の営業マンには注意が必要ですよ。
金融庁は金融機関が手数料稼ぎのために投資信託を過度に乗り換えさせているのではないかと目を光らせているぐらいです

なるほど。
乗り換える際は、そのメリットがあるかどうかを良く考える必要があるということですね

リスクを知っておこう　4-02

リスクを知っておこう

これまでにも、何度か「リスク」という言葉が出てきましたが、リスクとは何だと思いますか？

なんとなく使っている言葉だけど、いざ説明するとなると難しいですね。え〜っと……危険、みたいなものですかね？

損する可能性みたいな？

「リスク」と聞くとよくないことをイメージすることが多いと思います。
でも投資の世界においてリスクとは損失だけでなく利益の時にも使う言葉なんです

えっ、そうなんですか！

投資の世界での「リスク」とは変動幅のこと

　日常生活の中で使う「リスク」という言葉は、よくないことが起こる可能性のような意味で使われることが多いですが、投資の世界ではそうではありません。

　投資の世界において**リスクとは「変動幅」**のことを言います。

　例えば、次の二つの値動きをする投資信託があったとします。
縦軸がリターンで、真ん中の線がプラスマイナス０を示しています。

131

このプラスマイナス0からどれぐらい離れる可能性があるのかを「リスク」として考えます。
　ブレ幅が小さい方が、リスクが少ないことになります。

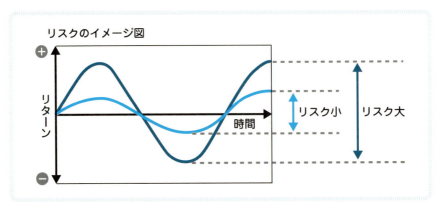

リスクは「危険性」という意味ではなくて「ブレ幅」という意味で考えればいいんですね

そうです。
分散投資を思い出してください。分散投資は「分散投資によって上下のブレ幅を減らす」ことを目的にしています

なるほど。そういえば58ページの分散投資の図でも、分散投資によって、平均のブレ幅がなくなってましたね

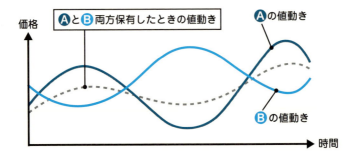

■投資信託で知っておくべきリスクとは

リスクの意味、理解できたみたいですね

はい。だんだんと投資についての知識がついてきている気がします

では、次に**投資信託の4つのリスク**を見ていきましょう。
投資信託の資料などには絶対記載されている、大事な考え方ですよ

投資信託の主なリスクとして知っておくべきなのは以下のものがあります。

- 価格変動リスク
- 為替変動リスク
- 信用リスク
- 金利変動リスク

それぞれがどんなものなのか、一つずつ見ていきましょう。

投資信託の主なリスク❶　価格変動リスク

その名の通り**価格が変動するリスク**のことを言います。

例えば景気が悪くなりそうなとき、株価や債券の価格がどうなるでしょうか。

景気が悪くなることが想定されると、株式よりも現金にしておこうと考える人が増えるため、株価は下落する傾向になります。

一方債券は、比較的安全な金融商品と考えられているため、景気が悪くなることが想定されるときには人気が上がり、価格が上昇する傾向にあります（※ただ、最近は必ずしもこうならないことが多いようです）。

　このように**価格が変動し、資産価値が変わることを価格変動リスと言います**。

投資信託の主なリスク❷　為替変動リスク

　国によって使っている通貨は異なります。日本は円、アメリカはドルを使っていますね。ヨーロッパであればユーロを使う国が多くあります。

　ここでは例として、円とドルについて考えてみましょう。
　日本人のあなたが「１ドルを欲しい」と考えた時に100円出せば交換してもらえる時もあれば、110円出さないと交換してくれない時もあります。
　このように、いくらで交換するのかを**為替レート**と言い、**特に海外に投資する場合は為替レートがとても大切**になります。

　例えば、**海外の債券に投資している投資信託であれば円高に進めば基準価額は下がり、円安に進めば基準価額は上がる**ことになるのですが、なぜこうなるのかを考えてみましょう。

　海外に100ドルの債券があったとします。
　１ドル＝100円のとき、この債券は日本円に換算すると
100 × 100 = 10,000円 になります。

　その後円高になり、１ドル＝90円になったとします。
100 × 90 = 9,000円 ですから、100ドルの債券は9,000円に値下

がりしたことになってしまいます。

逆に円安になり、1ドル＝110円になった場合は、**100×110＝11,000円** となり、価値が11,000円に値上がりしたことが分かります。

つまり、**円高の時に投資して円安の時に現金化すれば儲けられる**わけです。

このように、為替相場の変動で資産価値が変わることを為替変動リスクと言います。

最近では、為替のリスクを取りたくないという方のために「**為替ヘッジあり**」というコースが用意されている投資信託もよく見かけます。

為替ヘッジとは為替の変動による影響をヘッジする（避ける）という意味で、為替の影響を抑えることができる仕組みになっています。

為替ヘッジコースは**為替のリスクを取らずに投資対象の値動きのみに期待したい場合や、為替がこれから円高に進むだろうと考えている場合に利用するとよい**でしょう。

投資信託の主なリスク❸　信用リスク

　例えば債券において、**債券の発行体が、デフォルト（債務不履行）に陥ってしまうリスクを信用リスクと呼びます。**

　簡単に理解するために、借金問題で考えてみましょう。
　ある日、二人の知人が遊びに来ました。一人は大手企業に勤めていて、年収1,000万円。もう一人はこれまで勤めたことがなく、現在も無収入、無職です。
　この二人が「お金を貸して」と言ってきたらあなたはどうしますか？

「いや、どちらにも貸さないですよ。」
　もちろん、これが正解かもしれません。
　でも、どちらかに貸さなければいけない場合は当然収入が多い最初の人に貸すことになります。
　なぜかと言われたら「**信用できるから**」という理由でしょう。

　これほど単純な話ではありませんが、**債券などの有価証券の場合は、「どれだけ信用があるか」は大切なこと**です。
　そして、信用力はいつまでも一定ではなく、変化する可能性があります。

「大企業に勤めているあの人は、いつも予定した期日までに必ず返済するから、お金を貸しても安心だ」そう考えていたとしても、その大企業の業績が芳しくなく、近く大規模なリストラを行うと発表されたらどうでしょうか。信用力の低下は否めないはずです。

　今回は人物にお金を貸す場合を例にとりましたが、債券もまさに同じように考えることができると言えます。
　発行体の信用力が下がれば、人気は低下し、価格は下がるものなのです。これが信用リスクです。

投資信託の主なリスク❹　金利変動リスク

投資は金利変動と密接に関係しています。
　実生活では、金利が上がると銀行に預けているお金により多くの利息が付くようになるというメリットがあります。逆に、住宅ローンを借りている人は支払わなければいけないお金が増えます。

　投資において、**金利の変動により資産の価値が変動する可能性のことを「金利変動リスク」といいます。**
　とくに**金利変動リスクに影響を受けるのは債券**で、**金利が下がれば債券価格は上昇**へ、**金利が上がると債券の価格は下がる**ことになります。

　どうしてこうなるのかを考えてみましょう。
　債券はもともとそれを発行している発行体が「利率を1％つけるから皆さんお金を貸してください」といったように発行するものです（※1％はあくまでも例です）。

　そんな時に市場の金利が2％に上昇したらどうなるでしょうか？
　1％の債券は売却して2％の方にお金を移そうと考える人が増えます。売却したい人が増えれば価格は下がるもの、つまり債券価格は金利が上昇すれば下落する傾向にあるわけです。

金利と債券の関係

金利の変動で資産価値が変わることを **金利変動リスク** と呼ぶ

こんなにリスクがあるんですね。怖いなぁ…

そう思ってしまいますよね。
でも、**リスク＝ブレ幅と考える**ということを思い出してください。**どのリスクもよい方に動けば儲けの源泉になる**ことが分かりますね

そっか。ブレ幅が大きいと言うことは、儲かるときも大きいってことですね

投資信託の４つのリスク

価格変動リスク

投資対象の価格が
変動するリスク

為替変動リスク

為替変動により
資産価値が変動するリスク

信用リスク

発行体の信用力が下がり
資産価値が変動するリスク

金利変動リスク

金利変動により
資産価値が変動するリスク

「リスク＝損」ではない。
よい方向に動けば利益になる。

4-03 儲かりそうなパンフレットには注意！

現在、投資信託はいろいろなところで販売されているのはもうご存知ですね

先日、銀行と郵便局でパンフレットを見ました

そうですね。**投資信託の販売手数料は銀行や証券会社、郵便局にとっては重要な収益源**ですからね

でも、銀行だったら企業にお金を融資するとか、稼ぐ方法が他にもありそうですけどね

確かにそうかもしれません。でも低金利の昨今ですから、お金を貸して儲けるのも大変なのが現状のようです

■銀行にとっては投資信託はありがたい収入源

　昨今、投資信託に限らず金融商品を販売して、その手数料で収益を狙う金融機関は増えています。
　これは低金利だけが理由ではなく、金融機関が顧客の資産状況を知っていることとリスクが小さいことが影響していると考えられます。

　例えば銀行は、誰がどれぐらいのお金を預けているのかは既に分かっています。
　ずっと使っていないお金であれば、銀行の営業マンが投資信託を提案してみようと考えるのもうなずけます。

例えば、しばらく使っていないお金を1,000万円程預け続けているお客様がいて、この人に投資信託を買ってもらうとどうでしょうか。

手数料3％の投資信託で考えれば、買ってもらうだけで30万円もの手数料収入が入ることになりますね。
　　それも、**販売した時点で入るためリスクがありません**。

お金を貸し出してその利子で儲けようとすると、貸した先が倒産するリスクなどがあるので、投資信託などの金融商品の販売は銀行にとってとてもありがたい収入源ということがわかります。

そりゃ、銀行が熱心に勧めようとしてくるわけだ

■パンフレットをもらってこよう

でもね、パンフレットを見るととても魅力的なのよ。ついついもらってきちゃいました

それはとってもいいことですよ。
パンフレットを見ることも、勉強の1つです。
銀行や郵便局に寄った際には試しに投資信託のパンフレットをもらってみましょう

銀行や郵便局に寄った際には試しに投資信託のパンフレットをもらってみましょう。おそらく多くの人が「すごい、これは儲かりそうだ」と思うのではないでしょうか。

私が貰って来たパンフレットはこれです

儲かりそうなパンフレットには注意！　4-03

儲かりそう！　ぜひ投資してみたいなぁ〜！

　パンフレットでは、金融商品取引法に則ってリスクなどについてもしっかりと書かれてはいます。
　ただ、アピールポイントがビジュアル的に魅力的に書かれていることが多く、パッと見た感じで「なんか儲かりそう」と感じるられるように作られているものが多いです。

　投資信託の運用会社も販売会社も投資してもらいたいと考えてパン

フレットを作っているのですから、これは仕方のないことでしょう。

　ただ、**パンフレットに流されて購入を決意してしまうようでは、投資で利益を手に入れることは難しい**と言わざるを得ません。
　大事なのは、自身で学習して計画通りに投資を遂行することです。

　先ほど、勉強用にパンフレットをもらってくることをおすすめしましたが、**間違ってもその場で購入を決めてきてしまったなんてことがないように、注意してください。**

いろいろなパンフレットを見ることはそれだけでも勉強になりますのでおすすめですよ

（パンフレットをめくっている）
本当にどれも魅力的に見えるわね！

そうなんです。特に商品の詳しい説明が必要という**性質上、アクティブファンドのパンフレットは作りこまれていることが多い**ですね

よく考えてみると、僕はインデックスファンドを買おうとしていたんでした

そう思っていたのに、**パンフレットについつい引き込まれて、当初の予定と違う投資をしてしまう人もいます。**
パンフレットだけでなく、周りの意見にはあまり流されないように注意しましょうね

はい…

■流行よりも定番を選ぼう

あき子さんはショートケーキと新感覚スイーツ、どちらが好きですか?

新感覚スイーツが好きです

なるほど。
スイーツであれば新しいものが好きでも構いませんが、**投資信託は流行よりも定番を選ぶことがおすすめ**ですよ

■流行のテーマに飛びつかないで

　新しくスタートする投資信託を見ていると、一見魅力的に見えることが多いのではないでしょうか。

　それもそのはず。**投資信託はスタート時点でたくさんのお金を集めたいと考えるわけですから、魅力的なテーマや見せ方でスタートする**のは当然です。

　でも、**投資信託は流行よりも定番の商品をおすすめします。**
　長く続いていることは一つの実績であり、今後も安心して保有し続けやすいものです。

　例えば15～20年ほど前にIT関連ということで急騰した株価はその後どうなったでしょうか? ITバブルがはじけて目も当てられない株価になってしまった銘柄も数多くあります。

　流行りのテーマに関連する投資信託は、注目度の高さから多くの資金を集めてスタートすることがよくあります。しかし、流行が終わると純資産総額がかなりのスピードで減っていくことも。流行よりも古くからある、定番の投資信託の方が安心して保有できるのです。

基準価額と純資産総額の推移をチェックしよう

ここまで学習してきて、「こんな投資対象が欲しいな」というのが見えてきましたか?

購入を検討する投資信託が見つかったら、**基準価額と純資産総額の推移**をチェックしてみましょう

純資産総額のこと、覚えていますか?

はい。
純資産総額は投資信託の残高でしたよね?

そうですね。
純資産総額は投資信託の資産に、株の配当金等を含め、さらに手数料を引いた値段です(61ページ参照)

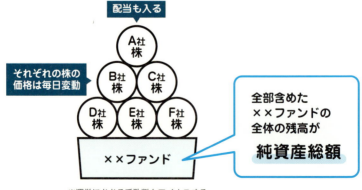

※運営にかかる手数料をマイナスする

基準価額と純資産総額の推移をチェックしよう　4-04

つまり、**純資産総額からは「投資信託の規模」がわかります。**

純資産総額が数十億円に満たない規模の投資信託もあれば、数百億円〜数千億円のもの、中には1兆円を超えるものもあるんですよ

基準価額の方は、もう何度も出てきているからわかりますね。

基準価額は投資信託の値段のことを言いますが、前述したように、**基準価額は毎営業日ごとに更新されます**

保有してから毎日値動きをチェックするんじゃなくて、**買う前の選ぶときに過去の値動きを見ることが大事**なんですか？

保有していると値動きが気になるのは無理もないことですが、**投資信託を選ぶときにこそ、過去の基準価額と純資産総額の推移を見る**ことをおすすめします

では、早速、これまでの基準価額の推移をチャートで表示させて調べてみましょう

■ 基準価額の直近3年間のチャートの推移を見てみよう

　投資信託を選ぶ際には、これまでの基準価額と純資産総額の推移をチャートで表示させて調べてみましょう。

　使いやすさからおすすめしたいのはマネックス証券やSBI証券、楽天証券などのネット証券会社のサイトです。全期間のチャートを表示

させることができます。
　下図は直近3年間のある投資信託の基準価額と純資産総額をチャートにあらわしたものです。

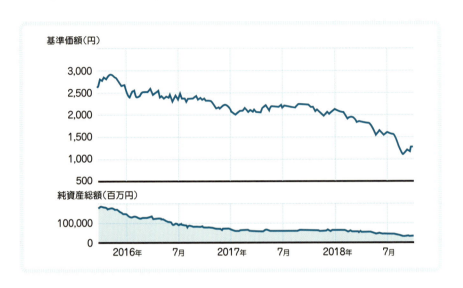

　純資産総額とは投資信託全体でいくらのお金を運用しているかを示すものですから、**人気がある投資信託は純資産総額が一定、あるいは増加傾向にあります。**

　では、このチャートの投資信託の基準価額と純資産総額はどういう傾向にあるでしょうか？
　ここ数年の**基準価額は下落傾向に、また純資産総額は減少傾向に**ありますね。

　つまり、この**投資信託は値下がりを続けていて、純資産総額が徐々に減っていく傾向にある**ということから、投資家も少しずつ資金を引き揚げている傾向にあることが分かるわけです。

　どうでしょう？　この投資信託にお金を預けたいでしょうか？
　多くの人はやめておきたくなるでしょう。

もう一つ別の投資信託の基準価額と純資産総額のチャートを見てみましょう

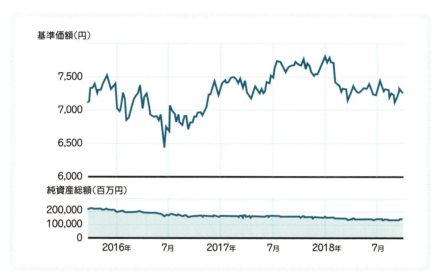

こちらの投資信託は、基準価額も純資産総額もほぼ横ばいの状態が続いていることがわかりますね

たしかに！ いい感じね！

基準価額は市場動向によって上下するのはある程度仕方のないことですが、純資産総額が落ち着いているのは安心材料と言えそうです

■ 純資産総額は規模と推移の両方を見る

純資産総額は大きい方が有利と考えることができます。理由としては、

- 純資産総額が大きいほど経費（コスト）の占める割合が小さくなるため
- 分散投資しやすくなるため
- 繰り上げ償還のリスクが少なくなるため

などが挙げられます。特に、最後の「繰り上げ償還のリスクが少なくなるため」という理由は大切で、**あまりに規模（純資産総額）の小さな投資信託の場合は繰り上げ償還の可能性が出てきてしまいます。**

純資産総額が一定量を割り込むと繰り上げ償還される危険性があります。同じ対応の投資信託であれば純資産総額が大きい方が安心と言えるでしょう。

規模があまりにも小さい投資信託、例えば、**純資産総額が10億円に満たないような投資信託は避けたほうが賢明**と考えられます。
理想は純資産総額が30億円を超えているぐらいといったところでしょうか。

■好ましい基準価額と純資産総額の推移とは

どんどん投資信託の規模が先細りして、最後には繰り上げ償還になってしまうということもあるのか…これは気をつけないといけないなぁ

基準価額だけじゃなくて、純資産総額の推移を見ることが大事なのね

そうですね。
ちなみに、基準価額と純資産総額には以下のようなパターンがあります。

・純資産総額と基準価額が上がっているパターン
・純資産総額と基準価額が減っているパターン
・基準価額だけ上がっているパターン

基準価額が上がっていても、よくない兆候が見えることもあるのですよ

純資産総額と基準価額が上がっているパターン

基準価額と純資産総額が両方とも上昇しているパターンは理想的と言えるでしょう。運用が順調で投資も増えてきていると考えられます。

純資産総額と基準価額が減っているパターン

投資を控えたいのは純資産総額と基準価額が両方減少しているパターンです。

運用も芳しくなく解約も増えていると考えられます。

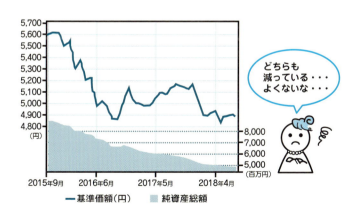

基準価額だけ上がっているパターン

　基準価額が上がっていて運用が順調である一方で、純資産総額が減っている場合、**償還が近いという可能性が考えられる**ので注意しましょう。

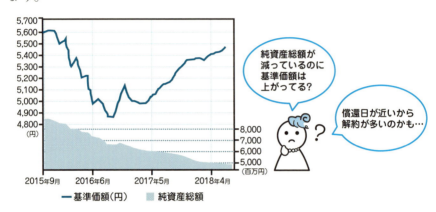

■ できる限り長い期間のチャートを見るのがおすすめ

　ここまでは、直近3年間のチャートを見てきましたが、投資信託を選ぶ際にはできる限り長い期間のチャートを見てみることをおすすめします。

　例えば、以下のある投資信託のチャートを見てください。

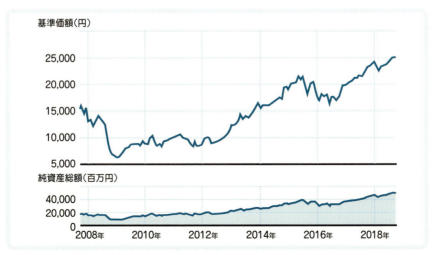

こちらは、2007年後半〜2018年9月現在までのチャートになります

　チャートでは2008年から2009年にかけて大きく下落していますが、そこから持ち直していることがわかります。
　2008年から2009年にかけての期間は、100年に一度の金融危機と言われたリーマンショックがあったころです。

　このころは、株式、債券、不動産（REIT）とありとあらゆるものの価格が下落したこともあり、投資信託の基準価額が値下がりしてしまったのはやむをえないと言えるでしょう。
　でも、現在の基準価額がリーマンショック前の水準にしっかりと戻っています。これは、一つの安心材料と言えそうですね。

　「仮にまたリーマンショックのような大きなドローダウンがあったとしても、きっと値を戻すだろう」と考えられるためです。
　また、リーマンショックの時にどれぐらい基準価額が落ち込んでいるのかを見ておくことで、リスクを少しでも少なくしたいと考える際の参考になるでしょう。

　リーマンショック当時は100年に1度などと言われていましたが、今後も同様の危機が起こることは十分考えられます。
　理想的なのは、そんなドローダウンの時に「むしろ今なら安く買えてラッキー」と考えることができる心理状態ではないでしょうか。

　このように、過去の基準価額と純資産総額のチャートを見るときは、長い期間のものを見るようにしましょう。

月次レポート（マンスリーレポート）を見よう

投資信託から発行されている月次レポート（マンスリーレポート）は、投資信託を選ぶときに必ずチェックしてほしい資料です

月次レポート（マンスリーレポート）って、どこにあるんですか？

月次レポート（マンスリーレポートは）運用会社や販売会社のホームページに用意されています

■月次レポート（マンスリーレポート）を見てみよう

気になる投資信託を見つけたなら月次レポート（マンスリーレポート）を閲覧しましょう。

月次レポート（マンスリーレポート）は投資信託によって内容やボリュームに差があります。ただ、投資信託を選ぶためには是非確認しておきたいものです。

では実際に、気になる投資信託の月次レポートをダウンロードしてみましょう。

PDFで配布されていますが、画面上ではなく、できたらプリントアウトしてしっかり読んでくださいね

月次レポート（マンスリーレポート）ダウンロードしました！

4-05 月次レポート（マンスリーレポート）を見よう

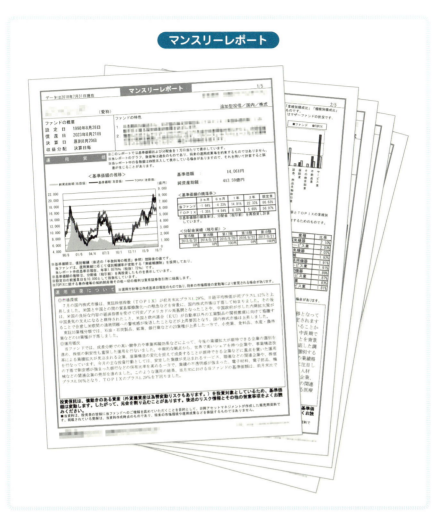

なんか難しそうだな

この月次レポートは全部で5ページありますね

そうですね。ボリュームには差がありますが、どの月次レポートでも押さえているポイントがあります

4日目 投資信託の選び方

■月次レポートに書かれていること

　投資信託によって内容や書かれている順序は若干異なりますが、どの月次レポートでもおおむね次のような情報が書かれています。

月次レポート
1. 基準価額・純資産総額の推移
2. 最近の分配金の実績
3. 資産構成比率
4. 組み入れ上位の銘柄
5. ファンドマネージャーのコメント
6. ファンドの特色について
7. リスクやコストについて
8. 販売会社一覧について

これを全部読むのか……

できたら全部読んでほしいですが、特にチェックすべきポイントがあるので、その項目から読んでくださいね

■月次レポートでチェックすべき項目は？

　ここではどんなことをチェックすればよいのかを確認しておきましょう。
　なお、全てのマンスリーレポートに何が書いてあるかには投資信託によって若干の差があり、ここで紹介する内容が書かれていないマンスリーレポートもあります。

☑ 基準価額・純資産総額の推移

まずは基準価額と純資産総額の推移をチェックしましょう。

基準価額と純資産総額の推移の読み方は144ページを参照してください。

☑ ベンチマークとの乖離

基準価額とベンチマークとの乖離をチャートで示しているマンスリーレポートも多くあります。

常にベンチマークが基準価額を上回っているのであれば、ベンチマークとより連動しやすい投資信託を選んだ方が賢明かもしれません。

また、運用成果にいまひとつ納得できなかったとしても、基準価額の推移がベンチマークを上回っているのであれば、投資信託が悪いのではなく市況がたまたま悪かっただけなのかもしれません。

インデックスファンドなら、ベンチマークと連動しているもの、アクティブファンドならベンチマークを上回っているものが理想的でしたね

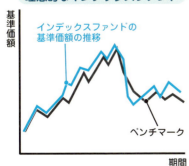

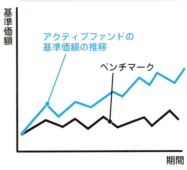

☑ 資産構成比率

「資産構成比率」では、投資信託の資産がどう割り振られているかを確認することができます。

例えば、投資しているお金もあれば、現金として置いているお金もあるわけです。

☑ 組み入れ銘柄

投資信託にどんな銘柄が組み入れられているかを知っておくと、どんな時に上昇して、どんな時に下落するのかを把握しやすくなります。

そうすれば、有利な時に売買できますよね。

マンスリーレポートには『組み入れ上位10銘柄』といった形で組み入れられている銘柄と比率が載っていますので、どんな銘柄があるのかはチェックしておきましょう。

☑ ファンドマネージャーのコメントを読んでみる

マンスリーレポートにはファンドマネージャーからのコメントも掲載されています。

せっかくですから読んでみてください。

共感できる内容で「投資したいな」と思うかもしれませんし、見通しなどが納得できなければ「投資をやめておこう」と考えるかもしれません。

☑ 騰落率

一定期間の基準価額の上下を表す「騰落率」は多くのマンスリーレポートに掲載されています。

この騰落率は他の投資信託と比べるときに役立ちます。

同じタイプの投資信託が二つあった場合、騰落率を調べればどちらの方が優秀かわかりやすいわけです。

また、マンスリーレポートによってはベンチマークの騰落率と投資信託の騰落率を並べて表示しているケースも多いので比べてみるとよいでしょう。

なお、騰落率を見る場合は、**短期間だけで判断するのではなく長期間も加味するようにしましょう。**

保有している金融商品が一時的に大きく下落したことによって、騰落率に悪い数字が出ていることもよくあるためです。

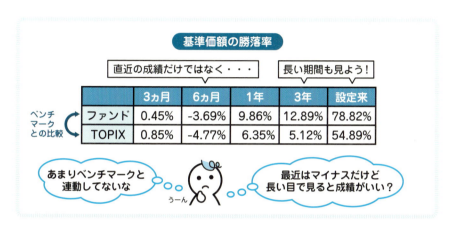

いや、チェック項目多いですよ！

もちろん、すべての投資信託のマンスリーレポートをチェックすると考えたら、その作業量は膨大になってしまいますけど…
でも、これくらいの項目は確認しましょう。
マンスリーレポートは情報の宝庫です！

■月次レポート（マンスリーレポート）は情報の宝庫！

投資信託を買い付ける前に月次レポート（マンスリーレポート）を確認するのはもちろんですが、投資信託を保有しているときであっても月次レポート（マンスリーレポート）は確認することをおすすめします。

基準価額の推移を気にする人は多いですが、それだけではチェックは万全ではありません。

例えば純資産総額が着々と減っていたらどうでしょうか？　心配になりますよね。
　検討しているアクティブファンドが、ベンチマークに比べて常にアンダーパフォーマンスだったらどうでしょうか？　コストの少ないインデックスファンドを検討した方がよいことになるかもしれません。
　月次レポート（マンスリーレポート）には、投資判断のために必要な情報が沢山含まれているのです。

投資を検討している投資信託や、また保有している投資信託があれば、月次レポート（マンスリーレポート）に目を通しましょうね

■ 運用報告書とは違う

月次レポート（マンスリーレポート）と「運用報告書」というものは違うんですか？

内容は変わりませんが、**運用報告書は年1～2回しか発行されないので鮮度が高くない**のです。
毎月発行される月次レポートで最新の情報をチェックするのが大事ですよ

運用報告書とは

　運用報告書は、原則的に投資信託の決算を迎えるごとに作成され、投資信託を保有している人に交付されます。その投資信託の1年間の運用状況等が細かく掲載されています。
　投資信託によって発行頻度は異なりますが、年1回～2回ほどしか発行されない投資信託もあります。

4-06 目論見書を見てみよう

月次レポート（マンスリーレポート）の重要性を理解していただけましたか？

販売用パンフレットはあくまでもパンフレットって感じだけど、**月次レポート（マンスリーレポート）は裏表のない情報**って感じがするわ。儲けている人はきっとしっかりとチェックしていそう

そうですね。
次は**目論見書（もくろみしょ）**を見ましょう

目論見書は、**投資判断のために必要なことが書かれている資料**です。投資信託を買う前に必ず交付することが義務付けられているんですよ

こんな分厚いの皆さん全部読んでいるんですか？
（※電子交付の場合もあります）

正直、読んでいない人が多いかもしれません。

でも、**購入時に交付することが義務付けられていることからもわかるように、投資判断に影響を及ぼす内容はすべて記載してある大事な資料**です。

100ページ以上で、読むのが大変な分量となっているのが普通ですが、必ず目を通すようにしましょう

■目論見書を見てみよう

　目論見書とは、投資信託を買う前に必ず交付することが義務付けられているもので、投資判断のために必要な重要事項などが書かれているものです。

　主に書かれている内容は以下の通りです。

投資信託の目的や特色

　どんな投資対象に投資をするか、またどんな仕組みで運用されるのか、分配金はどうなっているかなどが書かれています。

どんなリスクがあるのか

　基準価額の変動に影響を与える可能性があるのはどんなことかなどが書かれています。

運用実績

　これまでの基準価額の推移や分配金の推移などが書かれています。

手数料など

　運用にかかる手数料などが書かれています。

一歩上級者へ！シャープレシオ

ここでは、一歩上級者向けの勉強をしていきます

私たちのレベルでついていけるのかしら

最初からすべて理解しなくても大丈夫です。少しずつ投資家レベルをアップしていきましょう

では、「シャープレシオ」を見ていきますよ。この言葉、知らない人も多いと思いますが、**知っているのと知らないのとでは投資信託の選び方に大きな違いが生まれるのです**

■ シャープレシオ

まずはシャープレシオの求め方ですが、リターンをリスクで割ったものがシャープレシオになります。（※）

これだけ聞くと頭の中が「？」だらけになってしまいそうですね。

リターンをリスクで割るので、1リスクあたりどれぐらいのリターンが期待できるかを算出することができるわけです。

例えば、
❶ 20のリターンが期待できて、25のリスク
❷ 7のリターンが期待できて5のリスク
の二つの投資信託があったとします。
この場合、どちらがリスクとリターンが見合っているかを比べると

❶ 20 ÷ 25 = 0.8
❷ 7 ÷ 5 = 1.4

となり、1リスクあたりのリターンを比べると❷の方が高いことがわかります。

であれば、❷の投資信託の方が安心して保有することができそうだなと判断できるわけです。

つまり、シャープレシオをわかっていれば、リスクとリターンを比べた際にワリのいいものを選びやすくなると言えるでしょう。

(※) シャープレシオを求める実際の計算式は下記の通りとなります。
|(ポートフォリオの平均リターン) - (無リスク利子率)| / (ポートフォリオの標準偏差)

割がいいかどうか数値でわかるのは嬉しいですね！シャープレシオは時給換算の考え方と似ていますね。同じ1時間を働くなら、時給がいい方でパートしたいですもん！

シャープレシオはリスクとリターンの考え方ですので以下のようなグラフにすると考えやすいかもしれません

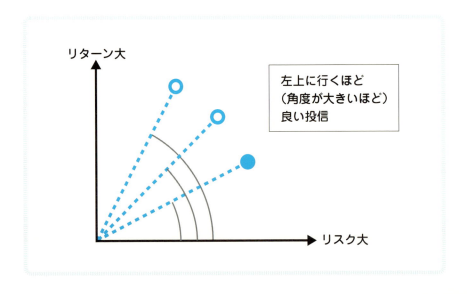

この図で、左上にあればあるほど優秀な投資信託ということですよね？

じゃあ、わざわざ勉強しなくても一番左上にある、リスク小リターン大が見込める投資信託を選べばいいのでは？

確かにそう思うかもしれませんね。
ただ、過去一定期間におけるシャープレシオを表示させると、投資信託は図の青色のところに集まる傾向にあるんです。

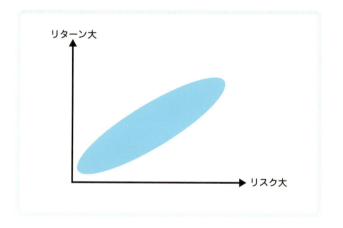

リターンが高いものはリスクも高いってことなのね

はい、そうなりますね。なので、**シャープレシオを比べる時は同じタイプの投資信託で比べるのが一般的**です

同じタイプの投資信託……例えば国内株式の投資信託同士で比べるってことですか？？

はい、その通りです。
なお、シャープレシオは投資信託のパンフレットやマンスリーレポートには掲載されておらず、119ページで紹介したサイト「モーニングスター」などで調べることができます

他にもなにか注意点はありますか？

シャープレシオを比べる時は少し長めの期間で算出したものを選ぶことをおすすめします。

どうしても、短期間だと値動きが荒くなりがちで信頼度が低くなる傾向にあるためです

Column モーニングスターでシャープレシオを見る

投資信託の情報サイト「モーニングスター（119ページ参照）」には投資信託を比較できる機能があります。

この機能を使えば、簡単な操作でシャープレシオを比較することができます。短期間～長期間まで算出されているのでおすすめです。

シャープレシオ1年	3.95	3.95
シャープレシオ3年	0.07	-0.06
シャープレシオ5年	-0.35	-0.64
シャープレシオ10年	--	--

また、モーニングスターでは、シャープレシオのランキングもあります。

投資信託の買い方

ここまでは主に投資信託の選び方を紹介してきました。
どんな投資信託があるのか、また、どのように選んでいけばいいのか、何となく理解できている人も多いのではないでしょうか。
ここからは、そうやって選んだ投資信託をどう買うのかについて見ていきましょう。

投資信託は一括でも積み立てでも買える

今日からいよいよ、投資信託を買うときの話に入っていきます

まず、投資信託の買い方には２種類あります。
一括購入または積み立て購入です

名前の通り、一気に買うか分割して買うかですか？

そうですね。
例えば100万円の資金があったとき、タイミングを読んで安いと思ったところで一括で購入するか、一定期間をかけて少しずつ買っていくかの違いです。
一括で買うことを「スポット買い」と言います

積み立てで買う場合は、買う期間を均等にすることがポイントです。
1ヶ月に1回、買っていくことが多いですね

同じ金額を投資するならどっちの方がおすすめですか？

前田さん夫妻におすすめするなら積み立ての方ですね。

ただ、どちらが向いているかは人によって変わります。まずは、スポット買いについて説明しますね

■「スポット買い」はタイミングが読めて資産がある人向け

スポット買いは、「ここが買い時だ！」というタイミングを読んで**一括で資金を投入する買い方**です。

- 買うタイミングを見極める
- まとまった資金で安い時を狙って買う
- 高くなったら売却してキャピタルゲインを得る

といった利益の狙い方をすることになります。

安く買って高く売ることができれば、当然ですが儲かります。とはいえ、それは簡単なことではありません。

スポット買いでは「どんな投資対象を選ぶか」というのも大切ですが、それに加えてタイミングが勝敗を分けることになります。
売買タイミングを掴むために新聞を毎日読んだり、国内外の経済を勉強することが必要になるわけです。

良いタイミングで購入できれば大きな利益になりますが、逆に動けば大きな損失になるので、**スポット買いにはタイミングを読む投資スキルが必須**です。

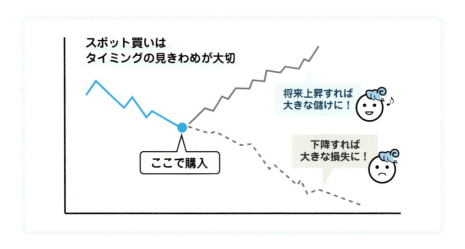

売買を繰り返してキャピタルゲインを得る人も

　勉強を重ねて投資スキルを身に付け、**積極的に売買を繰り返しながら資産を形成**している人もいます。

　また、当たり前ですがまとまった資金がないとスポット買いはできません。**スポット買いは既に投資する資産がある人の買い方**と考えるとよいでしょう。

- 売買のタイミングを読む投資スキルがある
- まとまったお金がある
- 使う予定がしばらくないお金がある

　という条件が揃っているなら、キャピタルゲインを狙ってスポット買いをするのも一考してよいかもしれません。

 投資スキルは必要ですが、タイミングを見計らうことによって短期間で大きく稼げる可能性もあるのがスポット買いです

5-02 自動積み立て（ドルコスト平均法）で着実に儲ける？

「スポット買い」という資産がある人向けの買い方は理解できましたか？

タイミングを読める気がしないので、スポット買いは僕には向いていないと思います

と言うか、元々スポット買いできるようなお金はありませんが……

スポット買いは難易度が高いので、**初心者にはこれからお話しする「積み立て買い」をおすすめします**

まだ資産がない人へおすすめする買い方ですが、**資金が潤沢にある人も、スポット買いせずに、持っている資金を分割して毎月積み立てていく方法を検討してもいいでしょう**

■積み立て投資とは？

　積み立て投資とは、あらかじめ一定期間ごとに決められた金額で自動的に投資信託を買い付けていく投資方法のことを言います。

　やり方は簡単で「毎月25日に1万円ずつ購入」というようなルールを決めたら、**その時の値段が高くても低くても、同じように買っていく**だけです。
　高いときもあれば安いときもありますが、同じように買っていくことによって、購入する基準価額は平均化されます。

■ネット証券の自動積み立て投資を活用しよう

特に多くのネット証券会社では自動積み立て投資が取り組みやすいように工夫されていて、最初に設定さえしてしまえばあとは何もしなくても自動的に投資できるようになっています。

「毎月○日に○○円分購入」と設定しておけば、自動的に積み立ててくれるシステムになっています。

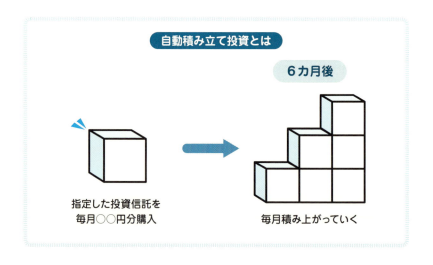

えっ、これだけ!?　最初に設定して後はほったらかしって、楽だけどなんか……

ほんと。家賃の引き落としみたいね。簡単すぎてちょっと怖いです。これで儲かるのかな……

そう思うかもしれませんが、この投資方法、実に理にかなった、初心者投資家にもおすすめの方法なんですよ。
自動積み立ては、「ドルコスト平均法」という投資方法なのです

■ドルコスト平均法で平均取得単価を下げる効果を狙える

　ある投資信託を、一定の金額ずつ毎月買い続けることを考えてみましょう。

　投資信託の基準価額は変動しますから、**価格が安い時にはたくさんの数量を買う**ことになりますし、**価格が高い時にはあまり買わない**ことになります。

　そうなるとどうでしょうか？　**一定の数量ず使う場合に比べて平均取得価額が安くなるのです。これを「ドルコスト平均法」**と言います。

次ページの図は、**投資信託を「毎月3万円分」を購入**した場合の購入口数の変化を示したものです。

同じ3万円を使っても、**標準価額が上がっている月は少ししか購入できません。**
でも、**標準価額が下がっている月は同じ3万円でたくさん購入できます。こうして長い期間をかけて平均していくことで、取得価格は自然と安くなります**

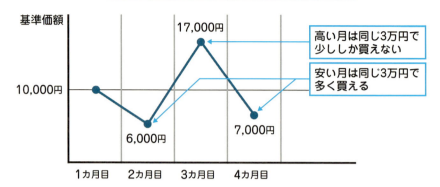

安い時にたくさん買う…私もスーパーでよくやってますよ！

そうですね。
「安い時に沢山買って、高い時はあまり買わない」…これは投資に限らず見習いたい姿勢で、納得できる理にかなった方法だと思います

ちなみに、下の表は「毎月３万円分」購入するドルコスト平均法と「毎月３万口」購入する場合を比べたものです

ドルコスト平均法の方が、最終的な口数も多いし、平均購入単価が1,500円も安くなってる！

そうですね。
ドルコスト平均法が平均取得単価を安くしていっているのは一目瞭然ですね

ドルコスト平均法、素晴らしい！
それに、スポット買いと違って自分でタイミングを読まなくていいのもありがたいですね～

そうなんです。
自動積み立てなら最初に設定さえしておけば、あとはほったらかしでも勝手に積み立ててくれます。

「今月忘れてた！」ってことがないので安心ですね

忘れっぽい僕にはぴったりかもしれません

方法も簡単で、理にかなっています。
投資信託を買うときは、「ドルコスト平均法」を思い出して参考にしてくださいね

ポートフォリオの考え方

「ドルコスト平均法」はいいこと聞いたな〜。
簡単そうだし、すぐにでもはじめたい！

ちょっと待った！
まだ勉強することはありますよ。
今から「ポートフォリオ」について解説します

ポートフォリオって、クリエイティブな人たちが
「作品集」って意味で使っている言葉ですよね？

投資の世界では「ポートフォリオ」とはどんな金融
商品をどう分散して組み合わせて保有するかについ
ての取り決めのことを指しますよ

投資信託は以下のようにたくさんの種類があるのは
もう覚えましたよね

もちろん覚えてます！
地域×投資対象で分類できるんですよね
（87ページ参照）

そうでしたね。
色々な投資信託の種類がありますが、組み合わせ方は人それぞれです。
人によっては国内の投資信託を多めに持つ人や、1つの投資信託しか持たない人もいます

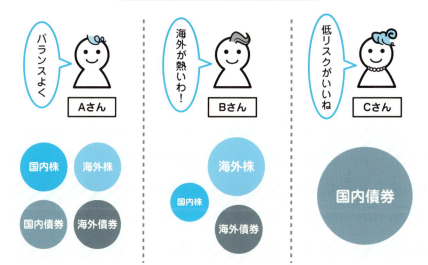

投資信託の組み合わせ方は人それぞれ

このように、**どういった組み合わせでどんな割合で分散するのかを決めるのがポートフォリオです**。
自分に合ったポートフォリオを考えてみましょう

本章の例のポートフォリオは「資産全体のポートフォリオ」ではなく、**現預金を除外した**「**投資資金をどう割り振るか**」のポートフォリオです

■ポートフォリオとは

投資前にはポートフォリオを決めてから投資することをおすすめします。このようなポートフォリオの例を見てみましょう。

この場合は、
国内：海外＝1：1
債券：株式＝1：1
つまり、**国内株・国内債券・海外株・海外債券を同割合ずつ保有することを目指したポートフォリオ**になります。

 このように、**あらかじめポートフォリオを決めて、それに合わせて投資をする**ことで、途中での見直しもしやすくなります。

また、「いつのまにか大きなリスクを取ってしまっていた」という事態を防ぐこともできます

「いつの間にか大きなリスクを取ってしまっている事態」とはどういうことでしょうか？

例えば、自動積み立てで投資をしていて、時間が経つと**ポートフォリオのバランスが崩れること**がよくあります

それはなぜでしょう？

資産価値が変動するからですね。
例えば前ページの図のように同割合で投資していたつもりでも、一定期間経って資産価値を比べてみたら下図のような割合に変化していることがあります

株価や債券価格の変動によって、資産価値の割合が変わり、バランスが崩れてしまった状態です

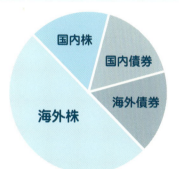

資産価値は、その時現金にするといくらになるかで計算すればいいのですか？

そうですね。
例えば毎月5,000円ずつ買っていたのに、海外株だけ5万円になっていて他は2万円…という状態なら、このグラフのように海外株の資産価値だけ上昇しています。

海外株式は国内債券や国内株式に比べてリスクが高いですから、このグラフは少しリスクを大きくとってしまっていることになります

■ポートフォリオのバランスが崩れたときの対処法

さっきの例のように、最初に決められたポートフォリオのバランスが崩れていたらどうすればよいかわかりますか？

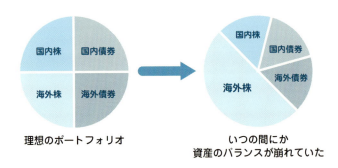

理想のポートフォリオ　　　いつの間にか資産のバランスが崩れていた

え〜と…分かった！
海外株のグラフのところの資産を少し売却して他の投資信託を買えばいいんだわ

大正解！
この崩れたバランスを基のポートフォリオのバランスに戻す作業のことを「リバランス」と言います

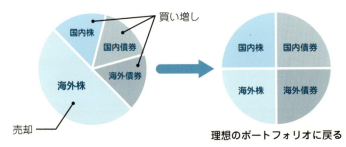

買い増し　　　　　理想のポートフォリオに戻る
売却
これを「リバランス」という

■ リバランスは自動積み立てでも必ず行うこと

リバランスは、資産割合を当初想定しているポートフォリオ通りに直す作業のことを言いますが、**リバランスをすることによって利益確定と、平均取得価格を下げる意味もあります。**

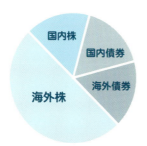

例えば上のグラフでは海外株の資産価値が大きく増えていることがわかりますが、**大きく増えたところで売却すれば部分的に利益確定できると想定できます**ね。

大きくなった資産を利益確定、小さくなった資産を買い増しするリバランスは**自動積み立てでほったらかしを前提としている場合でも、定期的には行いたい作業**です。

もちろん、あまり短期間で行ったり、売買の回数が増えるとその分かかる手数料も増えてしまうのであまり厳密にやり過ぎず、頻度についても**半年に一度、1年に1度といった頻度をあらかじめ決めて取り組むとよい**でしょう。

リバランスの頻度も計画の一部なんですね

 そうですね。「一年に一度はリバランス」というように決めておきましょう。
さて、ポートフォリオから少し話がそれてしまいましたが、次はポートフォリオの例を紹介しますよ

ポートフォリオの例

安定志向やバランス型…投資のタイプ別の色々なポートフォリオの例を見ていきましょう

ここでも、資産全体のポートフォリオではなく**「現預金を除外した投資資金をどう割り振るか」についてのポートフォリオ**を作成しています。
預金などについては投資資金とは別に用意しておくことが前提ですから、全部のお金を投資信託につぎ込んだ例と思わないでくださいね

■ 安定志向の人のポートフォリオの例

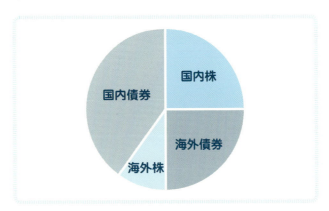

　安定志向の人は、国内債券を多めに取り入れることが前提になります。
　投資対象として考えた場合、**国内債券はあまり儲かりませんが、一方で安定しているのがメリット**です。
　海外資産を取り入れる場合でも、**格付けの高い債券をメイン**に考えるとよいでしょう。

■バランス型志向の人のポートフォリオの例

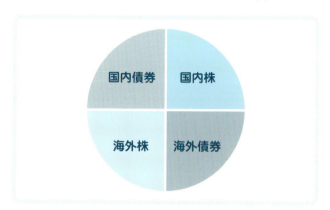

　20代〜40代前半ぐらいの、**比較的若い年代であれば、多少のリスクを取って資産を殖やすことを考えるのもよい**でしょう。
　安定志向の人のポートフォリオに比べて海外の資産比率、株式の資産比率が大きくなることが特徴です。株や債券に限らず、REITなどへの投資も考えてみてもよいでしょう。

■積極志向の人のポートフォリオの例

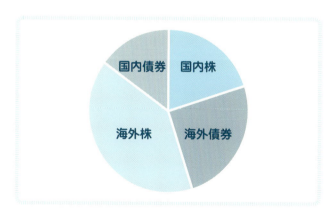

　積極的に殖やすことを考える人もいると思います。
　その場合は海外の株式の割合を増やすことを考えるとよいでしょう。
　海外の中でも先進国だけでなく新興国を考慮に入れる人もいると思

います。

ポートフォリオも大事ですが、どんな投資信託を選ぶのかも大事です

同じ国内株式の投資信託でも、投資信託によって投資方針も違えばリターンが全然違います。どれぐらいリスクをとれるのかを総合的に考えましょう。最初は、色々な人のポートフォリオの例を参考にするとよいですよ

■年齢が上がるにつれて低リスクにするとよい

　ポートフォリオをどう決めるか、これを解説しようとするとそれだけで本が1冊書けるほどになってしまいますのでここでは割愛します。
　ただ、そうはいっても適当に決めるのではいけません。

　最初は、色々な人のポートフォリオの例を参考にしながら、また、どれくらいリスクをとれるのかを考えながら決めていくようにしましょう。

　ポートフォリオの考え方は人それぞれですが、次の3つの考え方が基本になります。

- 年齢が若いうち、資産が少ないうちは多少リスクをとって資産形成を目指すこと
- 年齢が上がるにつれて資産形成から資産運用に移っていくこと
- 資産運用の段階では、リスクの少ない金融商品に切り替えていくこと

　年齢とともにポートフォリオは少しずつ変更していくのがよいでしょう。
　年齢が上がるに従って低リスクにしていくという考え方を基本に、いつまでも積極的にリスクをとるのではなく、年齢の上昇に従って

海外 ➡ 国内へ
株式 ➡ 債券へ

とリスクを小さくしていくのが理想的です。

若いうちはリスクをとりつつ、老後は低リスクなんて理想的！

■ 若いうちは多少リスクをとるのもアリ！

逆に言えば、若いうちは多少資産額が上下しても、老後までに取り返せる可能性が十分あります。

それに、この段階はまだ資産がそこまで多くないことが前提となるので、そもそも大損することが少ないと考えることができます。大損するほどのお金がない、ということですね。

投資において『期間』は大きな武器となるので（53ページ参照）、「まだ若いからいいや」と考えるのではなく、できることから始めていきましょう。

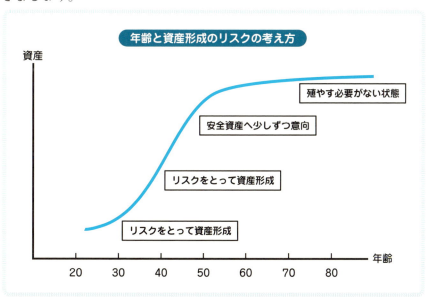

王道の資産形成とは？

ポートフォリオを決めるのって本当に難しいですよね

ほんと！ 利回り5％を狙うならあれ！ 10％を狙うならこれ！ みたいなの教えて欲しいです

そうしたい気持ちはやまやまなのですが、実はそれはできないんです。

世界情勢は刻一刻と変わりますし、必ず儲かるというのはあり得ないと覚えておいてください

先生はそう言うと思ってましたよ……

とは言ってもやはり、お二人のような初心者には「分散投資でリスクを抑えたうえで、期間をかけて自動積み立て投資していく」という方法が一番おすすめですね

その具体的な方法を解説しましょう。
これから話す投資方法は「王道の資産形成手法」と言えるでしょう

王道の資産形成！
なんかすごそうでワクワクしますね！

■インデックスファンドで自動積み立て投資がベスト

　ノーベル経済学賞を受賞するほどの頭脳明晰な人が作ったファンドであっても破綻するのが投資の世界です。

そんな確実性のない世界だからこそ、分散投資ではリスクを抑えて期間をかけて利益を狙う方法がおすすめです。
具体的には、

Step1 複数のインデックスファンドでポートフォリオを作成
▼
Step2 毎月一定額を自動積み立て
▼
Step3 定期的にリバランスを行う

という手法です。**これが王道の資産形成の手法**になります。

ポートフォリオはインデックスファンドだけで作るのですか？

そうですね。
74ページでも紹介しましたが、インデックスファンドの指数には様々な種類があります。それを組み合わせてポートフォリオを作ります

ポートフォリオを作る際は偏りに注意する（商品、地域）

ポートフォリオを作る際には偏りに注意が必要です。
海外と国内のバランスはどうでしょうか？
株式と債券のバランスはどうでしょうか？

分散しておけば、ある指数が下落しても別の指数は上昇しているという状態を作ることができます。**同じ値動きのものばかり持ってしまうことのないように注意してポートフォリオを決めましょう。**

また、インデックスファンドの中でもリスクの高いものと低いものがあります。若いうちなら多少リスクを大きめにとるのもいいですが、年齢に応じて安全性の高いものの割合を増やしていくのが理想的です。

インデックスファンドって思ったよりたくさんあるんですよね。
同じ指数を使っているインデックスファンドで、どれを選べばいいのか迷っています

インデックスファンド同士でどちらが優秀かを選ぶ際は、コスト・ベンチマークとの連動・純資産総額で比べましょう。
その中でも最も意識すべきはやはりコストです

どのインデックスファンドにするに迷ったら…

インデックスファンド同士でどちらにしようか迷ったら、**コスト・ベンチマークとの連動・純資産総額で比べましょう。**

とくに**コストは一番意識すべき**です。「ノーロードファンド」と呼ばれる買い付け時の販売手数料がかからない投資信託が多くあるので、こうしたものを選ぶのがよいでしょう。
もちろん、運用コストも複数の投資信託で比べてから決めます。こういった小さな差が、蓄積すると大きな差になります。

ベンチマークとの連動にも気を付けます。
インデックスファンドとはいえ、ベンチマークと全く同じ動きになるかというと必ずしもそういうわけではありません。こちらも、少しの差が長期間の運用で大きな差になります。

純資産総額の比較も大事です。**インデックスファンドであっても人気がなければ途中で繰り上げ償還となることだってあり得ます。**
繰り上げ償還で投資計画が崩れるのは避けるべきなので、信託期間を確認するのは勿論、純資産総額も確認しておきましょう。

理想は30億円以上の純資産総額です。また、徐々に純資産総額が減ってきているファンドも避けたほうが賢明でしょう。

以上のような注意点をしっかり頭に入れた上で、**インデックスファンドでポートフォリオを作成し、毎月一定額自動積み立てしていく**のが、**王道の資産形成法**です

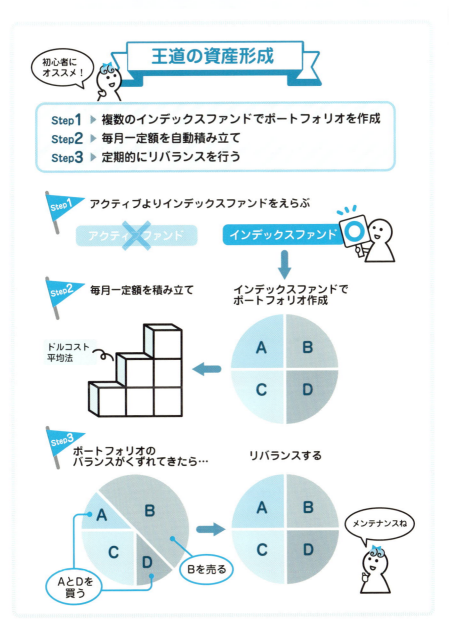

なんか……思っていたより地味ですね

そうですね。
でも、古くから世界中の投資家に愛されてきた投資法なんですよ。私は、結局はこれが一番、王道の資産形成だと思っています。

では、「インデックスファンド×自動積み立て」が王道の資産形成である理由を3つお話ししましょう

■王道の理由❶ インデックスファンドであること

　アクティブファンドは場合によっては非常に大きな利益を上げることがあります。

　ただ、一方で手数料や信託報酬などに関するコストは高めで、相場がよくない時にはインデックスファンドより大きな下落となることも少なくありません。

　アクティブファンドのほとんどの運用実績はインデックスファンドに勝てないというデータもありますし、なにしろ優秀なアクティブファンドを見つけるが難しいことは言うまでもありません。

　インデックスファンドはアクティブファンドよりも大儲けの面白みこそ少ないかもしれませんが、コストが低く取り組みやすい金融商品と言えるでしょう。

コスト 高 ハイリスク　　コスト 低 ローリスク

アクティブファンド　　インデックスファンド

大儲けの楽しみ　　安定感

■ 王道の理由 ❷
心情が入りにくい＆平均取得単価も下げられる

　自動積立、ドルコスト平均法の説明はすでにさせていただいた通りですが、**その都度判断して投資するわけではないにもかかわらず平均取得単価を下げることができる**という点でかなり優れていると言えます。

　投資するタイミングを判断することは非常に難しく、さらなる勉強が必要になります。

　もっと言えば、**心情が入ってしまうからこそ、買うべき時でないのに慌てて買ってしまったりという誤った判断をしがち**になります。

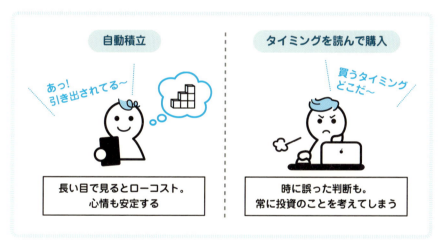

これは僕のような小心者にはありがたいですね

通常、株式投資などは株価が下がると不安が大きくなってしまうものですからね

ドルコスト平均法の場合、基準価額が下がっても「安くなった分たくさん買えてラッキー！」と考える投資家も多くいるんですよ

■ 王道の理由❸ 世界経済は成長している

「世界経済は成長し続けている」と聞いたらどう思うのでしょうか？「ええ？ そんなことはないだろう」と言いたくなるかもしれません。

でも、2018年7月のIMF（国際通貨基金）の見通しでは**世界経済は2018年、2019年ともに3.9%の上昇が見込まれています**。

世界的に人口も増えていますし、経済は成長していると考えられるのです。

海外に投資する投資信託を買うことは、世界経済の成長に乗じて資産を拡大することを狙う行為と考えることができます。

では、アメリカNYダウの株価推移のグラフを見てみましょう。ご覧の通り、右肩上がりです。

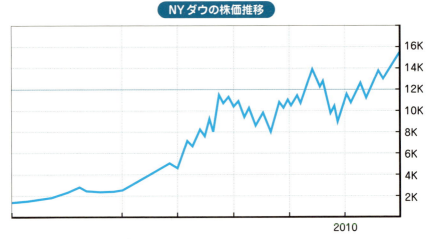

もちろん、日本も負けてはいません。

人口こそ減少しているかもしれませんが、**日本企業は過去最高益を記録する企業が続出しています**。

東証一部上場企業の2018年3月期の純利益が過去最高益更新というニュースもあったように、日本企業は現状に甘んじることなく、事業拡大に取り組み続けているのです。

給与に反映されないなど、なかなか国民の実感とまではいっていないかもしれませんが、**インデックスファンドを通じて大企業の成長の流れに乗じて、資産拡大の実感を掴める可能性は十分あります。**

国も企業も人も、豊かになりたいと考えるのが普通であり、そのために努力を続けて成長しているものと考えられるのではないでしょうか。

投資はそうした国や企業、人を応援することにつながり、結果として成長すれば利益を得られるというとても素晴らしい仕組みだと考えられますね。

僕はいつも自分の将来が不安で、世界経済や企業は成長に向かって努力しているっていうことを理解していなかったです

たしかに日本の株式市場を見ると日経平均株価はバブルの時よりも低いので、どうしても成長しているという実感はわかないかもしれませんね。
でも、日本企業の業績は決して悪くないんですよ

あなただって毎日お仕事頑張ってるじゃない

へへ…
企業がますます努力して今後も業績を上げてくれるなら……
うん、国内株式のインデックスファンドを買えば期待できる気がしてきたぞ！

ちなみに、異なるインデックスファンドに分散させる分散型（バランス型）投資信託もあります。
コストは多少かかりますが、自分でリバランスをする手間などが省けるメリットがありますよ

5-06 口座開設について

ポートフォリオが決まったので、実際に投資信託を買ってみようと思います

いよいよですね。
金融機関によって扱っている投資信託が違いますし、また同じ投資信託でも手数料が異なることがあります

金融機関によって扱っている投資信託が違うのなんて困るわ。
金融機関は慎重に決めなきゃいけないですね！

いや、48ページでもお話ししましたが、金融機関を選ぶのではなく、あくまで「投資信託ありき」で選ぶようにしましょう

■投資信託、どこで買うか？

　投資信託をどこで買うかを悩む人も多いですが、基本的には投金融機関から選ぶのではなく、投資信託ありきで選ぶことをおすすめします。

　最初に投資信託を選び、その後にその投資信託を買うために最も適した金融機関を選ぶという手順です。

　手数料や利便性、自分で勉強して投資信託を選ぶのであればネット

192

証券で口座を開設して投資信託を買うのがおすすめです。

■ネット証券での口座開設方法

ネット証券での口座開設方法は、以下のような手順で行います

ネット証券の口座開設手順

1. ネット証券会社のウェブサイトにアクセスする。（SBI証券・楽天証券・マネックス証券など）
2. 口座開設の申し込みの箇所をクリックする
3. Web上で必要事項を記入して口座開設の申し込みをする。氏名、住所、メールアドレスなどを記入する
4. 数日後、証券会社から書類が届く
5. 本人確認書類を添えて返送する
6. 証券会社から口座開設手続き完了の書類が届く

■購入する金融機関を選ぶ基準

「投資信託ありき」で金融機関を選ぶと言っても、最低限、以下のチェック項目をクリアしている金融機関かどうかは意識することをおすすめします。

金融機関チェックポイント

- ☑ たくさんの投資信託を扱っているか
- ☑ 買いたい投資信託の販売手数料は安いか
- ☑ 銀行から自動引き落としで積み立てる仕組みがあるか

とはいえ、手数料などのメリットがなかったとしても投資信託の特徴がわかりやすくまとめられていたり、情報が豊富な証券会社もあります。

口座開設は基本的に無料でできるので、色々な証券会社のサイトを訪問してみるとよいでしょう。

特定口座について

なお、口座開設の際には以下の2項目を選択します。

- 特定口座 / 一般口座
- 源泉徴収のあり / なし

特定口座とは金融機関が取引の報告書などを作ってくれる口座で、基本的には特定口座をおすすめします。
特定口座は1つの証券会社で1つ開設することができます。

源泉徴収について

特定口座ではさらに〝源泉徴収のあり／なし〟を選ぶようになっているはずです。

これは、納税まで証券会社にやってもらうかどうかを選択できるようになっているものです。〝源泉徴収あり〟を選べば確定申告をする必要がなくなるのでおすすめです。
それだったら誰でも〝源泉徴収あり〟にして面倒な確定申告しなければいいじゃないかと思うかもしれませんが、必ずしもそうではありません。

例えば、複数の証券会社で取引がある場合には損益通算して、納税金額を圧縮できる可能性があります。

NISA口座を活用しよう

■政府もおすすめする制度を投資信託で使おう

「NISA口座」といった言葉を聞いたことがありますか？

CMで見たことがあります。なんか非課税になるとかなんとか……

その通りです。

貯蓄から投資への流れを加速させたい政府は、税制面で様々な優遇策を設けていて、その1つがNISA口座です。

少額投資非課税制度と呼ばれるもので、**本来課税される利益が非課税になるお得な制度**なんですよ

投資非課税…もしかして、私たちの投資信託の利益から取られる税金が非課税になるってことですか？

そうですね。

簡単に言うと、**NISAは5年という期間内の利益が非課税になる**というルールです。
5年の間に**大きく値上がりするような投資信託に投資する**人には、特におすすめの制度になりますよ

■NISA口座の全体概要

　NISA口座は税金面で有利になる制度なので、投資していくからには使った方がお得なケースが多いです。

　上手く使えば**何十万円という単位でお得になることも十分考えられる**ので、この機会にそれぞれがどういう仕組みになっているかを理解していきましょう。まずは全体の概要を見ていきましょう。

利用できる方	日本在住の20歳以上の方（口座を開設する年の1月1日現在）
非課税になる対象	株式や投資信託などから得られる配当金・分配金や譲渡益
口座開設可能数	1人1口座
非課税投資枠	新規投資額で毎年120万円が上限 （非課税投資枠は最大600万円）
非課税期間	最長5年間
投資可能期間	2014年〜2023年

　毎年120万円が上限なので、「毎月10万円ずつ積み立てる」という使い方も可能ですが、**非課税の期間は5年しかない**ので注意が必要です。

　積立の投資の場合は次節で紹介する「**つみたてNISA**」という制度の方が使いやすい人も多いでしょう。つみたてNISA口座では長期投資が前提となっていて非課税期間が20年となっています。

　NISA口座とつみたてNISA口座は併用できないので、あなたの投資方法にはどちらが適しているのかはよく考えてから使いましょう。

■「5年で売却して非課税」をイメージしよう

　NISA口座で買い付けた株式や投資信託は、5年間非課税になります。

利益になるときとはどういうときでしょうか？

投資信託で言えば**基準価額が値上がりして売却するとき**や**分配金を受け取った時**になりますね。

本来約20%の課税があるのですがNISA口座であればこれが非課税になるわけです。

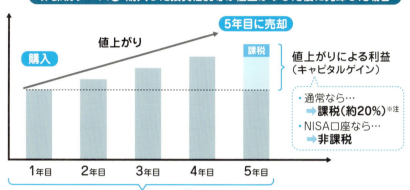

キャピタルゲインだけでなく分配金も非課税になるんですね！

当然ですが、**非課税のメリットが大きくなるのは利益が大きいとき**です。

つまり、利益が小さければあまりメリットがないので、**NISA口座で買うべき金融商品は値動きが大きいもののほうが適している**と考えることができます。

勿論、NISA口座のために投資意向を変えてはいけませんが。

■NISA口座の図解を見てみよう

NISA口座を開設している本やサイトには必ずといっていいほど次のようなNISAのしくみを表した図が出てきます。

これほどわかりやすい表がないほど、わかりやすい図になっているので一度確認してみてください。

2014年、2015年は投資額が100万円となっていますが、これは始まった当初は非課税枠が100万円の制度としてスタートしたためです。2016年から120万円に増額されています。

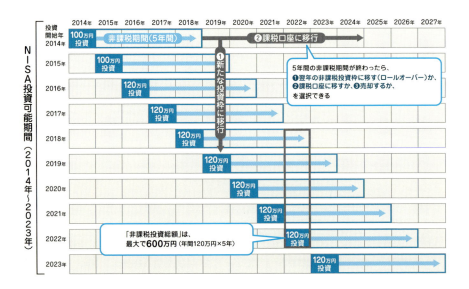

非課税期間である5年間が終わると、

- 翌年の非課税枠に移行する
- 特定口座などの課税口座に移す
- 売却する

のいずれかの選択をすることになります。

年間120万円を5年間なので、NISA口座で同時に投資できる金額は
120万円×5年＝600万円 になります。

課税されないっていうのはいいですね

本来なら、20％近いですからね

よく考えたら20％ってめちゃくちゃ高いですよね

NISA口座は年間120万円までですが、それ以上買いたいときは、特定口座で買えばいいんですよね？

そうですね。
NISA口座では5年以内で値上がりが大きくなりそうな商品を買い、それ以外の商品…例えば**値動きが大きくないような商品や長期で保有する商品は特定口座**で買うとよいでしょう。

ちなみにNISA口座は使わなかった分を翌年に繰り越すこともできますか？

残念ながらそれはできません。
持ち越しができないので、今年の枠は今年使わなければ意味がないのです

そうなのか…
じゃあ、NISA口座で買ったものが損失となった場合、NISA口座でない特定口座で出た利益と相殺することはできるんですか？

それもできないです。
また、特定口座で買っている商品が利益が出そうだから…と、NISA口座に移すこともできません

■19歳までを対象にした「ジュニアNISA」とは

続いてはジュニアNISA口座について見ていきましょう。
ジュニアNISA口座はその名の通り、若い人に向けたNISA口座です。

口座を開設する年の1月1日現在で19歳までの方を対象にした『未成年者少額投資非課税制度』のことを言います

19歳までを対象にしてるからジュニアNISAなんですね。NISA口座と違うのは年齢制限だけですか？

それが結構違うんです。
ジュニアNISA口座では非課税となる金額が年80万円となっていますし、もう一つ注意点として18歳になるまで引き出しができない点が挙げられます

18歳まで？
どういった使い方をするものなのかな

■ジュニアNISA口座の全体概要

 では、ジュニアNISA口座の概要を見ていきましょう

　2016年にスタートしたジュニアNISA口座は、非課税枠こそ違いますが5年間非課税であることや、2023年までの制度であることなど、NISA口座と共通しているところも結構あります。

利用できる方	日本在住の0歳〜19歳以上の方 （口座を開設する年の1月1日現在）
非課税対象	株式・投資信託等への投資から得られる配当金・分配金や譲渡益
口座開設可能数	1人1口座
非課税投資枠	新規投資額で毎年80万円が上限
非課税期間	最長5年間
投資可能期間	2016年〜2023年
運用管理者	口座開設者本人（未成年者）の 二親等以内の親族（両親・祖父母等）
払出し	18歳までは払出し制限あり

　NISA口座は一人1口座持てるので、例えば、父・母・祖父・子×2という家族の場合、

父母祖父で120万円×3＝360万円
子二人80万円×2＝160万円
合計520万円

の非課税枠があることになります。
　それも2023年まで毎年この金額の枠があることを考えるとかなり使える制度であると考えられるのではないでしょうか？
　5年で売却して非課税という点はNISA口座もジュニアNISA口座

も変わりはありませんが、一番の違いはジュニアNISA口座では口座名義人が18歳（※）になるまで引き出すことができない点です。

※正確には3月31日時点で18歳である年の前年12月31日まで

そのため、親権者が子供や孫の将来のためのお金を準備するために使うというのが一般的と考えられるのではないでしょうか。

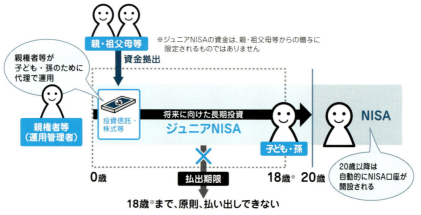

うちの息子の大学進学のお金を作るのに良さそう！

お子さんと一緒に投資について考えるのもいいかもしれませんね。

投資は早く始めれば始めるほど有利になります。

実際、資産運用で富を築いた人は幼い頃から両親に投資の考え方を教えてもらっていたり、誕生日に株式をもらって毎日株価のチェックをしていた、なんて人も多いんですよ

5-08 つみたてNISA口座について

次は「つみたてNISA口座」を見ていきましょう。

NISA口座とつみたてNISA口座は併用できないので、投資目的に合わせて選ぶ必要があります

■ つみたてNISA口座の全体概要

つみたてNISA口座はその名の通り、**長期で積み立てる際に利用価値が高いNISA口座**です。

NISA口座やジュニアNISA口座の投資期間が5年だったのに対して、**つみたてNISA口座は20年**と拡大しています。

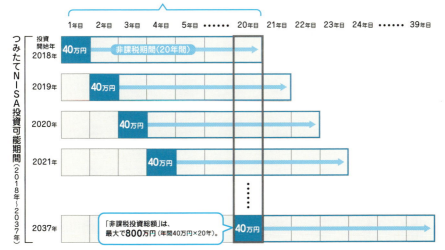

非課税という点では、NISA 口座と似ていますが、長期・分散・積立に特化しているつみたて NISA では投資対象商品に特徴があります。

というのも、**投資できる対象があらかじめこの長期・分散・積立に適した金融商品に限定されている**のです

本書では、初心者の個人投資家が勝つために

- **インデックス投資**
- **長期投資**
- **分散投資**

という 3 つを武器とすることをおすすめしてきましたが、つみたて NISA 口座を上手に使うことでまさに鬼に金棒となることでしょう。

利用できる方	日本在住の20歳以上の方（口座を開設する年の1月1日現在） ただし、つみたてNISAとNISAはどちらか一方しか利用できない
非課税対象	一定の投資信託への投資から得られる分配金や譲渡益
口座開設可能数	1人1口座
非課税投資枠	新規投資額で毎年40万円が上限 （非課税投資枠は20年間で最大800万円）
非課税期間	最長20年間
投資可能期間	2018年〜2037年
投資対象商品	長期の積立・分散投資に適した一定の投資信託 （対象商品については次ページからを参照） 例えば公募株式投資信託の場合、以下の要件をすべて満たすもの ・販売手数料はゼロ（ノーロード） ・信託報酬は一定水準以下（例：国内株のインデックス投資の場合0.5%以下）に限定 ・顧客一人ひとりに対して、その顧客が過去1年間に負担した信託報酬の概算金額を通知すること ・信託契約期間が無期限または20年以上であること ・分配頻度が毎月でないこと ・ヘッジ目的の場合等を除き、デリバティブ取引による運用を行っていないこと

つみたてNISA口座について　5-08

つみたてNISA口座はかなり使えそうですね
先生の教えてくれた王道の資産形成（184ページ参照）にも使えるんじゃないですか？

そうね、投資できる商品が絞られているけど、
逆にそれが探しやすそう！

ノーロード（販売手数料なし）で信託報酬が一定水準以下の投資信託に絞られているので、コスト面から考えたら優秀な投資信託が揃っていると考えられますね。

とはいえ、以下からの表のようにたくさんの種類があるので、選ぶ目を養う必要がありますよ

つみたてNISA口座で投資できる商品一覧（2018年8月20日現在）

◆ 指定インデックス投資信託：138本

単一指数・複数指数の区分	国内型・海外型の区分	指定指数の名称又は指定指数の数	ファンド名称	運用会社
単一指数（株式型）	国内型	TOPIX	たわらノーロード　TOPIX	アセットマネジメントOne㈱
			iFree TOPIXインデックス	大和証券投資信託委託㈱
			＜購入・換金手数料なし＞ニッセイTOPIXインデックスファンド	ニッセイアセットマネジメント㈱
			ニッセイTOPIXオープン	ニッセイアセットマネジメント㈱
			野村インデックスファンド・TOPIX	野村アセットマネジメント㈱
			三井住友・DCつみたてNISA・日本株インデックスファンド	三井住友アセットマネジメント㈱
			i-SMT TOPIXインデックス（ノーロード）	三井住友トラスト・アセットマネジメント㈱
			SMT　TOPIXインデックス・オープン	三井住友トラスト・アセットマネジメント㈱

単一指数・複数指数の区分	国内型・海外型の区分	指定指数の名称又は指定指数の数	ファンド名称	運用会社
単一指数（株式型）	国内型	TOPIX	eMAXIS Slim 国内株式（TOPIX）	三菱UFJ国際投信㈱
			eMAXIS TOPIXインデックス	三菱UFJ国際投信㈱
			つみたて日本株式（TOPIX）	三菱UFJ国際投信㈱
			Smart-i TOPIXインデックス	りそなアセットマネジメント㈱
		日経平均株価	朝日ライフ 日経平均ファンド	朝日ライフ アセットマネジメント㈱
			たわらノーロード　日経225	アセットマネジメントOne㈱
			しんきんノーロード日経225	しんきんアセットマネジメント投信㈱
			iFree 日経225インデックス	大和証券投資信託委託㈱
			<購入・換金手数料なし>ニッセイ日経平均インデックスファンド	ニッセイアセットマネジメント㈱
			ニッセイ日経225インデックスファンド	ニッセイアセットマネジメント㈱
			農林中金<パートナーズ>つみたてNISA日本株式 日経225	農林中金全共連アセットマネジメント㈱
			野村インデックスファンド・日経225	野村アセットマネジメント㈱
			野村つみたて日本株投信	野村アセットマネジメント㈱
			i-SMT 日経225インデックス（ノーロード）	三井住友トラスト・アセットマネジメント㈱
			SMT　日経225インデックス・オープン	三井住友トラスト・アセットマネジメント㈱
			eMAXIS Slim 国内株式（日経平均）	三菱UFJ国際投信㈱
			eMAXIS 日経225インデックス	三菱UFJ国際投信㈱
			つみたて日本株式（日経平均）	三菱UFJ国際投信㈱
			Smart-i 日経225インデックス	りそなアセットマネジメント㈱
		JPX日経インデックス400	iFree JPX日経400インデックス	大和証券投資信託委託㈱
			<購入・換金手数料なし>ニッセイJPX日経400インデックスファンド	ニッセイアセットマネジメント㈱
			野村インデックスファンド・JPX日経400	野村アセットマネジメント㈱
			SMT　JPX日経インデックス400・オープン	三井住友トラスト・アセットマネジメント㈱
			eMAXIS JPX日経400インデックス	三菱UFJ国際投信㈱

つみたてNISA口座について　**5-08**

5日目
投資信託の買い方

単一指数・複数指数の区分	国内型・海外型の区分	指定指数の名称又は指定指数の数	ファンド名称	運用会社
単一指数（株式型）	海外型	MSCI ACWI Index	全世界株式インデックス・ファンド	ステート・ストリート・グローバル・アドバイザーズ㈱
			野村つみたて外国株投信	野村アセットマネジメント㈱
			三井住友・DCつみたてNISA・全海外株インデックスファンド	三井住友アセットマネジメント㈱
			eMAXIS Slim 全世界株式（除く日本）	三菱UFJ国際投信㈱
			eMAXIS 全世界株式インデックス	三菱UFJ国際投信㈱
		FTSE Global All Cap Index	EXE-i　つみたてグローバル（中小型含む）株式ファンド	SBIアセットマネジメント㈱
			楽天・全世界株式インデックス・ファンド	楽天投信投資顧問㈱
		MSCI World Index（MSCIコクサイ・インデックス）	たわらノーロード 先進国株式	アセットマネジメントOne㈱
			たわらノーロード 先進国株式＜為替ヘッジあり＞	アセットマネジメントOne㈱
			iFree 外国株式インデックス（為替ヘッジあり）	大和証券投資信託委託㈱
			iFree 外国株式インデックス（為替ヘッジなし）	大和証券投資信託委託㈱
			＜購入・換金手数料なし＞ニッセイ外国株式インデックスファンド	ニッセイアセットマネジメント㈱
			野村インデックスファンド・外国株式	野村アセットマネジメント㈱
			野村インデックスファンド・外国株式・為替ヘッジ型	野村アセットマネジメント㈱
			外国株式指数ファンド	三井住友アセットマネジメント㈱
			i-SMT グローバル株式インデックス（ノーロード）	三井住友トラスト・アセットマネジメント㈱
			SMT　グローバル株式インデックス・オープン	三井住友トラスト・アセットマネジメント㈱
			eMAXIS Slim 先進国株式インデックス	三菱UFJ国際投信㈱
			eMAXIS 先進国株式インデックス	三菱UFJ国際投信㈱
			つみたて先進国株式	三菱UFJ国際投信㈱
			つみたて先進国株式（為替ヘッジあり）	三菱UFJ国際投信㈱
			Smart-i 先進国株式インデックス	りそなアセットマネジメント㈱

207

単一指数・複数指数の区分	国内型・海外型の区分	指定指数の名称又は指定指数の数	ファンド名称	運用会社
単一指数（株式型）	海外型	FTSE Developed All Cap Index	EXE-i　つみたて先進国株式ファンド	SBIアセットマネジメント㈱
		S&P500	米国株式インデックス・ファンド	ステート・ストリート・グローバル・アドバイザーズ㈱
			iFree S&P500インデックス	大和証券投資信託委託㈱
			農林中金＜パートナーズ＞つみたてNISA米国株式S&P500	農林中金全共連アセットマネジメント㈱
			eMAXIS Slim 米国株式（S&P500）	三菱UFJ国際投信㈱
		CRSP U.S. Total Market Index	楽天・全米株式インデックス・ファンド	楽天投信投資顧問㈱
		MSCI Emerging Markets Index Emerging Markets Index	たわらノーロード新興国株式	アセットマネジメントOne㈱
			＜購入・換金手数料なし＞ニッセイ新興国株式インデックスファンド	ニッセイアセットマネジメント㈱
			野村インデックスファンド・新興国株式	野村アセットマネジメント㈱
			三井住友・DC新興国株式インデックスファンド	三井住友アセットマネジメント㈱
			i-SMT 新興国株式インデックス（ノーロード）	三井住友トラスト・アセットマネジメント㈱
			SMT　新興国株式インデックス・オープン	三井住友トラスト・アセットマネジメント㈱
			eMAXIS Slim 新興国株式インデックス	三菱UFJ国際投信㈱
			eMAXIS 新興国株式インデックス	三菱UFJ国際投信㈱
			つみたて新興国株式	三菱UFJ国際投信㈱
			Smart-i 新興国株式インデックス	りそなアセットマネジメント㈱
		FTSE Emerging Index	EXE-i　つみたて新興国株式ファンド	SBIアセットマネジメント㈱
		FTSE RAFI Emerging Index	iFree 新興国株式インデックス	大和証券投資信託委託㈱
複数指数（バランス型）	国内型	2指数	日本株式・Jリートバランスファンド	岡三アセットマネジメント㈱

つみたてNISA口座について **5-08**

5日目

投資信託の買い方

単一指数・複数指数の区分	国内型・海外型の区分	指定指数の名称又は指定指数の数	ファンド名称	運用会社
複数指数（バランス型）	国内型	3指数	東京海上・円資産インデックスバランスファンド	東京海上アセットマネジメント㈱
			ニッセイ・インデックスパッケージ（国内・株式／リート／債券）	ニッセイアセットマネジメント㈱
	海外型	2指数	ドイチェ・ETFバランス・ファンド	ドイチェ・アセット・マネジメント㈱
			楽天・インデックス・バランス・ファンド（株式重視型）	楽天投信投資顧問㈱
			楽天・インデックス・バランス・ファンド（均等型）	楽天投信投資顧問㈱
			楽天・インデックス・バランス・ファンド（債券重視型）	楽天投信投資顧問㈱
		3指数	ニッセイ・インデックスパッケージ（内外・株式）	ニッセイアセットマネジメント㈱
			eMAXIS Slim 全世界株式（3地域均等型）	三菱UFJ国際投信㈱
		4指数	JP4資産均等バランス	JP投信㈱
			ダイワ・ライフ・バランス30	大和証券投資信託委託㈱
			ダイワ・ライフ・バランス50	大和証券投資信託委託㈱
			ダイワ・ライフ・バランス70	大和証券投資信託委託㈱
			＜購入・換金手数料なし＞ニッセイ・インデックスバランスファンド（4資産均等型）	ニッセイアセットマネジメント㈱
			DCニッセイワールドセレクトファンド（安定型）	ニッセイアセットマネジメント㈱
			DCニッセイワールドセレクトファンド（株式重視型）	ニッセイアセットマネジメント㈱
			DCニッセイワールドセレクトファンド（債券重視型）	ニッセイアセットマネジメント㈱
			DCニッセイワールドセレクトファンド（標準型）	ニッセイアセットマネジメント㈱
			三井住友・DCターゲットイヤーファンド2040（4資産タイプ）	三井住友アセットマネジメント㈱
			三井住友・DCターゲットイヤーファンド2045（4資産タイプ）	三井住友アセットマネジメント㈱
			三井住友・DC年金バランス30（債券重点型）	三井住友アセットマネジメント㈱
			三井住友・DC年金バランス50（標準型）	三井住友アセットマネジメント㈱
			三井住友・DC年金バランス70（株式重点型）	三井住友アセットマネジメント㈱
			eMAXIS バランス（4資産均等型）	三菱UFJ国際投信㈱

209

単一指数 ・複数指数 の区分	国内型・ 海外型の 区分	指定指数の 名称又は指 定指数の数	ファンド名称	運用会社
複数指数 （バランス 型）	海外型	4指数	つみたて4資産均等バランス	三菱UFJ国際投信㈱
		5指数	ニッセイ・インデックスパッケージ（内外・株式／リート）	ニッセイアセットマネジメント㈱
			野村インデックスファンド・海外5資産バランス	野村アセットマネジメント㈱
		6指数	＜購入・換金手数料なし＞ ニッセイ・インデックスバランスファンド（6資産均等型）	ニッセイアセットマネジメント㈱
			世界6資産分散ファンド	野村アセットマネジメント㈱
			野村6資産均等バランス	野村アセットマネジメント㈱
			フィデリティ・ターゲット・デート・ファンド（ベーシック）2040	フィデリティ投信㈱
			フィデリティ・ターゲット・デート・ファンド（ベーシック）2050	フィデリティ投信㈱
			ブラックロック・つみたて・グローバルバランスファンド	ブラックロック・ジャパン㈱
			SBI資産設計オープン （つみたてNISA対応型）	三井住友トラスト・アセットマネジメント㈱
			SMT　世界経済インデックス・オープン	三井住友トラスト・アセットマネジメント㈱
			SMT　世界経済インデックス・オープン（株式シフト型）	三井住友トラスト・アセットマネジメント㈱
			SMT　世界経済インデックス・オープン（債券シフト型）	三井住友トラスト・アセットマネジメント㈱
			eMAXIS 最適化バランス （マイ　ゴールキーパー）	三菱UFJ国際投信㈱
		7指数	ニッセイ・インデックスパッケージ （内外・株式／リート／債券）	ニッセイアセットマネジメント㈱
			野村インデックスファンド・内外7資産バランス・為替ヘッジ型	野村アセットマネジメント㈱
		8指数	たわらノーロード　最適化バランス（安定型）	アセットマネジメントOne㈱
			たわらノーロード　最適化バランス（安定成長型）	アセットマネジメントOne㈱
			たわらノーロード 最適化バランス（成長型）	アセットマネジメントOne㈱
			たわらノーロード 最適化バランス（積極型）	アセットマネジメントOne㈱
			たわらノーロード 最適化バランス（保守型）	アセットマネジメントOne㈱

つみたてNISA口座について **5-08**

5日目

投資信託の買い方

単一指数・複数指数の区分	国内型・海外型の区分	指定指数の名称又は指定指数の数	ファンド名称	運用会社
複数指数（バランス型）	海外型	8指数	たわらノーロード バランス（8資産均等型）	アセットマネジメントOne㈱
			たわらノーロード バランス（堅実型）	アセットマネジメントOne㈱
			たわらノーロード バランス（積極型）	アセットマネジメントOne㈱
			たわらノーロード バランス（標準型）	アセットマネジメントOne㈱
			iFree 8資産バランス	大和証券投資信託委託㈱
			三井住友・DCつみたてNISA・世界分散ファンド	三井住友アセットマネジメント㈱
			SMT　8資産インデックスバランス・オープン	三井住友トラスト・アセットマネジメント㈱
			eMAXIS Slim バランス（8資産均等型）	三菱UFJ国際投信㈱
			eMAXIS 最適化バランス（マイ　ストライカー）	三菱UFJ国際投信㈱
			eMAXIS 最適化バランス（マイ　ディフェンダー）	三菱UFJ国際投信㈱
			eMAXIS 最適化バランス（マイ　フォワード）	三菱UFJ国際投信㈱
			eMAXIS 最適化バランス（マイ　ミッドフィルダー）	三菱UFJ国際投信㈱
			eMAXIS バランス（8資産均等型）	三菱UFJ国際投信㈱
			eMAXIS マイマネージャー 1970s	三菱UFJ国際投信㈱
			eMAXIS マイマネージャー 1980s	三菱UFJ国際投信㈱
			eMAXIS マイマネージャー 1990s	三菱UFJ国際投信㈱
			つみたて8資産均等バランス	三菱UFJ国際投信㈱
			Smart-i 8資産バランス　安定型	りそなアセットマネジメント㈱
			Smart-i 8資産バランス　安定成長型	りそなアセットマネジメント㈱
			Smart-i 8資産バランス　成長型	りそなアセットマネジメント㈱
			つみたてバランスファンド	りそなアセットマネジメント㈱

211

◆ 指定インデックス投資信託以外の投資信託（アクティブ運用投資信託等）：17本

国内型・海外型の区分	投資の対象としていた資産の区分	ファンド名称	運用会社
国内型	株式	コモンズ30ファンド	コモンズ投信㈱
		大和住銀DC国内株式ファンド	大和住銀投信投資顧問㈱
		年金積立　Jグロース	日興アセットマネジメント㈱
		ニッセイ日本株ファンド	ニッセイアセットマネジメント㈱
		ひふみ投信	レオス・キャピタルワークス㈱
		ひふみプラス	レオス・キャピタルワークス㈱
	株式及び公社債	結い 2101	鎌倉投信㈱
海外型	株式	EXE-i　グローバル中小型株式ファンド	SBIアセットマネジメント㈱
		セゾン資産形成の達人ファンド	セゾン投信㈱
		フィデリティ・欧州株・ファンド	フィデリティ投信㈱
	株式及び公社債	セゾン・バンガード・グローバルバランスファンド	セゾン投信㈱
		ハッピーエイジング20	損保ジャパン日本興亜アセットマネジメント㈱
		ハッピーエイジング30	損保ジャパン日本興亜アセットマネジメント㈱
	株式及び公社債	ハッピーエイジング40	損保ジャパン日本興亜アセットマネジメント㈱
		世界経済インデックスファンド	三井住友トラスト・アセットマネジメント㈱
	株式及びREIT	フィデリティ・米国優良株・ファンド	フィデリティ投信㈱
	株式、公社債及びREIT	のむラップ・ファンド（積極型）	野村アセットマネジメント㈱

6日目

それでも多い！
投資信託で失敗
しました…。

ここまでで投資信託についての知識を身に着け、
買い方も理解できたことと思います。
早く投資したいと考えている人も多いでしょう。
でも、投資信託は失敗する人が多いのも事実で
す。
投資信託での失敗事例もあらかじめ学習しておき
ましょう。

6-01 ［失敗パターン1］
本能のままに取引してしまう

いろいろ知識を身に着けてくると、何も知らずに投資しようとしていたことが嘘のようだよ

そうね。今なら何も勉強しないでよく投資できるなって思っちゃうわね

二人とも随分と自信が出てきているようですね。
とはいえ、投資に油断は禁物です

■ 投資に油断は禁物！

ここまでの学習で自信を深めている人も多いことと思います。
勿論、何も学習せずに投資する場合に比べて、力をつけてきていることは間違いないでしょう。

とはいえ、**投資に油断は禁物**です。
2018年7月4日、日経新聞に以下のような記事が掲載されました。

投資信託を保有する個人投資家の半数近くが損失を抱えている――。

記事は2018年3月末時点の運用損益を調べて書かれたものですが、2018年3月末時点は、直近10年間の日経平均株価の推移から考えてみても、そこまで市場全体が悪い状態ではなかったときです。

しかし、記事には「半数近くの個人投資家が、保有している投資信託で損失を抱えている」ということが書かれていました。

もちろん、含み損（決済していない状態で損していること）の状態なので今損失であっても最終的には利益になることもあり得ますが、市場全体が悪いとは言えない状態であるにもかかわらず、個人投資家の半数が投資信託で含み損となっているという事実は何を読み取れるでしょうか。

投資信託で利益を上げることが簡単ではないことを教えてくれていると言えます。

■利食いは早く、損失は先延ばしにしてしまう

相場がそこまで悪くないのに、なんでそんなに損失が膨らんでしまうのでしょうか？

そうよね。ちゃんと勉強せずに、粗悪な投資信託を買ってしまっているんじゃないかしら

う～ん、投資信託の良し悪しもあるかもしれませんが、もっと別の要因もある気がしますね。
人間の心理が関係していると考えられます

心理？

人間の心理は
「嫌なことは先延ばしにしたい」「今いいことが悪くなるのは嫌だ」と考えがちです

人間の心理は

- 嫌なことは先延ばしにしたい
- 今いいことが悪くなるのは嫌だ

と考えがちです。
でも、この考えをもって投資に取り組むとどういうことが起きるでしょうか？

含み損になったときの心理

仮に保有している投資信託が含み損になり、さらに投信の純資産総額が減少傾向になったとします。
この場合、先ほどの心理で考えると、
「**損して売りたくない**」
「**損で売却するとしても今じゃなくてもっと将来にしたい**」
と考えてしまうのが普通です。

含み益になったときの心理

一方で、保有している投資信託が含み益になってくるとどうでしょうか？
今度は二番目の心理である「**今いいことが悪くなるのは嫌だ**」という気持ちが働きやすくなります。
そうなると利益のうちに（含み損になってしまう前に）売却しておこうという判断をしてしまうことになるのです。

本能のままに投資していると、このように損失で売却しなければいけない時に保有を続けてしまい、大きな利益が取れる可能性があるときに早めに利益確定の売却をしてしまう…という事態になってしまいがちです

なるほど。そんなわけで含み損を抱えた投資信託ばかり保有することになってしまうわけか

でも、それを防ぐためにはどうすればいいのでしょう?

やはり、「プランを立てて機械的に取り組むこと」がいちばんの対策ですね

■機械的に取り組むことで本能に打ち勝つ!

本能のままに投資すると失敗してしまいがちなのが投資の世界です。それを防ぐためには

- できる限り機械的に取引できる仕組みにすること
- 最初に投資プランをしっかりと決めておくこと

といった対処法が有効でしょう。

　機械的に取引できる仕組みとして、**買い付けの時の自動引き落としの仕組み**や、また**ネット専業の証券会社によってはあらかじめ設定した基準価額に到達したらアラートメールを届けてくれる仕組み**なども用意されています。

　便利な仕組みも発見できる可能性があるので、証券会社のパンフレットやサイトはよく確認してみてください。

6-02 [失敗パターン2] 人の意見に左右されて失敗

対面証券会社や銀行が投資信託の販売に力を入れていることはお伝えした通りです。
営業マンの話を聞いているうちに投資信託を買ってしまったというような事態は避けなければいけませんよ

でも、僕たちは自分で勉強して投資していくからあんまり関係ないね

そうね。
そもそも営業マンにそそのかされて買うほどのお金もないし、営業マンも私たちは相手にしないはずよ

確かに、手数料は買い付ける金額に応じて変わるので、証券会社や銀行の営業マンは大きな資金を投資する人に積極的に営業するでしょう。
でも、**営業マン以外の人の意見にも注意は必要です**

営業マン以外の人っていうのは…たとえばネットで見た意見や同僚から聞いた意見ですか?

そうですね。
人の意見を聞くことは大事なことですが、**その意見の言うがままになってしまうのはよくないことです**

■特に何も考えていないと人の意見を聞いて失敗する

人の意見を聞くことは大切です。これは、投資信託に限った話ではありませんね。

でも、**人の意見を聞いているうちに当初の予定とは違う取引をしてしまったり、行き当たりばったりで投資してしまうようになったら、資産形成の実現は困難**になるでしょう。

特に、投資において不安心理が大きい時には藁をもすがる想いになって、人の意見に左右されやすくなります。

例えば、

- 世界的な景気不透明感で保有している投資信託の基準価額が暴落
- 戦争やテロが起きて、保有している投資信託の基準価額が暴落
- 大手企業の不祥事などで保有している投資信託の基準価額が暴落

こんな時、「一度売却しておいた方が賢明でしょう」という意見を聞いたらどうでしょうか？

本来保有を続けるはずであっても「下がり続けていて怖いし……そうだな……ここは一度売却して様子を見て、下落が止まったらまた投資しよう」なんて考えてしまうかもしれません。

投資において、予期していないことは起こります。
そういう時に**どう対応する予定なのかをあらかじめ考えておくこと**が大事です。
特に何も考えていないと、人の意見を聞いて失敗するという結果になってしまいかねません。

人の意見を参考にしつつも自分の意見を大事にしろってことですね。優柔不断な僕は特に気を付けます

[失敗パターン3] 人気商品に飛びついて失敗

人気がある投資信託だからといって飛びつくのは危険です

でも、純資産総額は大きい方がいいって言ってましたよね？　人気の高い投資信託は、純資産総額も大きいことが多いんじゃないですか？

はい、確かに安定した運用を考えれば純資産総額が大きいことは好ましいことです。
でも、**人気がある＝いい商品というわけではない**んです

■ランキングに惑わされないで

人気があるものを選びたがるのは人の心情かもしれません。

「すごく人気がある商品なんですよ」
「当店人気NO.1」
「皆さん満足されています」

なんて言葉を聞いたり見かけると気になってしまう人も多いのではないでしょうか？

投資信託でも各証券会社や投資信託の情報が掲載されているサイトには人気商品がランキング形式で掲載されているものをよく見かけます。
　でも、**投資信託を選ぶときには人気商品に飛びつくのはあまりおすすめできる行動ではありません。**

ある時点での投資信託のランキングを見てみると、運用に関するコストが高めの投資信託が人気ランキング上位に並んでいることがありました。
　これはなぜでしょうか？

　証券会社や銀行の営業マンが販売しやすい商品や手数料を稼ぎやすい商品を積極的に提案して、結果として資金流入が増えたという裏事情があるのかもしれないですよね。

　勿論、投資においてかかるコストはできる限り少ない方がよいわけですが、ランキングに従って投資をしていたら、少しコストが高い投資信託を選んでしまいかねないわけです。

なるほど。
ランキングに従って投資するのは危険そうだ

そうね。
やっぱり投資は自分で判断しなきゃいけないわ

そうですね。もちろん、**よい投資信託だからこそ、ランキング上位に入っている可能性だってないわけではありません。**

大切なことは、**ランキングに惑わされて投資しない**ということですよ

はい！

[失敗パターン4]
『よくわからない』に投資して失敗

ランキングに惑わされてはいけないこと以外にも、投資信託選びで気を付けることはありますか?

そうですね。**よくわからないものには投資しない**ということでしょうか。
投資信託を見ていて、「**よくわからないし複雑だけど、なんか儲かりそう**」と感じたことはありませんか?
そういった雰囲気に流されて買ってしまう人がけっこういるのです

■ 複雑なしくみの投資信託の人気が出た理由

よくわからない投資信託を選んではいけません。
でも、**よくわからない複雑な投資信託に限って儲かりそうな気がする**から厄介です。

例えば、投資信託に通貨が選択できる毎月分配型投資信託が一時期流行したことがありました。
113ページでも少しだけ登場しましたが、通貨選択という仕組みは複雑で、特に新興国の通貨は基準価額の上下が大きくなりがちですから注意が必要な投資信託と言えるでしょう。

でも、こうした投資信託が非常に人気を集めたのです。
人気を集めた理由として、毎月分配金が出るという仕組みが考えられます。
それも、同じ金額を投資した場合、高金利であることが多い新興国

の通貨ほど毎月受け取れる分配金が多くなるのが一般的です。

そうなると、**本来「仕組みが複雑でリスクが高い投資信託」のはずが、「毎月分配金を受け取ることができる魅力的な投資信託」に代わってしまう**わけです。

結果として、このタイプの投資信託で大きな損失を出してしまった投資家も少なくありません。

毎月分配金は魅力的だから気持ちはわかりますね……

■ **わかっているわけではなかったのに買ってしまった**

これらの投資信託に投資した投資家は何がいけなかったのでしょうか。

失敗の理由として、多くの人がこの投資信託をわかっているわけではなかった点が考えられます。

いや、多少はわかっているかもしれません。しかし、**大事なのは「どれぐらいわかっているのか」**です。

「わかっている」の目安としたいのは、「人に説明できるぐらいわかっているのかどうか」です。

先ほどの例の通貨選択型の投資信託に「ブラジルレアルコース」というものがありました。

ブラジルレアルという通貨は、オリンピックやワールドカップが開催される以前、金利の高さや国の成長期待からとても人気でした。

このブラジルレアルコースを選ぶ理由として「オリンピックやワールドカップがあるから」ぐらいでは買う理由としては不十分です。

- 過去の通貨の値動きはどうなっているのか？
- 財政は健全なのか？

このようなことについても、人に説明できるぐらいでないと「わかっている」とは言えません。

もちろん、投資信託自体の通貨が選択できる仕組みや毎月分配金がすべて運用から出るわけではないことも理解しておく必要があるでしょう。

さらに付け加えておくと、新興国の通貨を利用しているのであれば、値動きの荒さを考慮して投資する金額は資産の一部にとどめておく必要があるとも言えます。

仕組みが複雑であるほど、信託報酬などの運用に関するコストが高いものです。
ここでは通貨が選択できる毎月分配型の投資信託の例をお話ししましたが、それ以外の投資信託でも、**「人に説明できるぐらいわかっているか」ということを意識しましょう**

そうか、コスト面も人に説明できなければいけないんですね

そうですね。
それに、新発の投資信託も注意が必要です。

過去の基準価額がないわけですから、どういう時にどんな値動きをするのかわかりづらいからです。
特に**投資初心者のうちはわかりやすくてシンプルな投資信託をおすすめします**。複雑なものは投資するとしても資金の一部にとどめたほうが賢明でしょう

[失敗パターン5]
最初に計画を立てず値動きに振り回されて失敗

■ 値動きに振り回されて一喜一憂してはいけない

投資は楽しいものです。

投資信託で言えば、仕組みを勉強して、どんな投資信託があるのかを調べて選択し、お金を投じてしばらくして基準価額を確認したら上昇していた……初めて経験すればその楽しさに開眼してしまう人もいるかもしれません。

勿論、楽しみながら投資をすること、逆に言えば楽しめるぐらいの投資額で投資していくことは本書でもおすすめしてきました。

でも、**基準価額の値動きに一喜一憂するようになってきてしまうと注意が必要**です。

というのも、いつの間にか**儲けるために投資をしているのか、楽しむために投資をしているのか分からなくなってしまう人もいる**ためです。

値動きに振り回されてしまう気持ち、わかる気がします

値動きに一喜一憂するようになると、ギャンブルと変わらなくなってしまいます。

そのうち値動きを求めるようになって、どんどんとリスクが高い商品を選ぶようになる人が実際にいます

ギャンブル依存症と同じですね。怖い……。
防ぐためにはどうすればいいのでしょうか？

何度も出て来た話ですが、やはり、何よりも大事なのは最初に投資計画をしっかりと立てることです

■長期的視野をもった運用を心がけよう

株式投資やFX、仮想通貨投資ほどではありませんが、投資信託でもギャンブル感覚になることには気を付けなければいけません。
お金が動くハラハラ感を求めるようになったら危険と考えましょう。

対策としては、まず何よりも最初に投資計画をしっかりと立てることです。

それこそ、最初にポートフォリオとどの投資信託に投資するかを決めて自動積立の仕組みを構築してしまえばギャンブル感覚で投資するようになってしまう可能性はかなり下げることができるでしょう。

世界的著名投資家で世界トップクラスの大富豪であるウォレンバフェットは"**近視眼的な投資では理性を失い、結果としてお金と時間を失う**"という言葉を残しています。

目先の値動きに一喜一憂することなく、長期的視野をもって、運用に臨みましょう。

なるほど。儲けようと考えすぎて近視眼的になるのもよくないんですね

そうですね。投資はやる前が9割、この心構えが大切ですよ

［失敗パターン6］突然の繰り上げ償還!?

■ 信託期間は必ずチェックしよう

信託期間は、販売資料に記載されていますのであらかじめ確認してから投資しましょう。
信託期間が短いと長期的な視野で投資することが難しくなります

償還までどれぐらいの期間があるかはどうやってわかるんですか？

投資信託の**販売資料や目論見書に「信託期間」として記載されていますよ**

どれどれ。
あ、この投資信託は**信託期間：無期限**って書いてある。これなら長期的視野で投資できるから安心だね

無期限だからって安心できません。**突然繰り上げされてしまい、途中で償還を迎えてしまうこともある**んです

それは本当に困る…

投資信託は**あらかじめ決められた信託期間で償還される場合**に加えて、**繰り上げ償還される場合**があります。

繰り上げ償還が起きるのは**設定当初よりも著しく口数が少なくなった場合や純資産総額が小さくなった場合など**です。

　繰上償還の場合も、保有口数に応じたお金を償還金として受け取ることになります。

結局、純資産総額が安定していて、信託期間が長いものが安心できるということね

繰り上げ償還についても目論見書に書かれているんですか？

はい、書かれています。

予期していない繰上償還となるとポートフォリオを見直さなければいけなくなってしまうので、できたら避けたいですよね

これはチェックしておかないと、後で困ることになりそうだ〜

ちなみに、これとは逆に満期を迎えたけれど好調だから**延長される投資信託もあります**よ

iDeCoを使ってみよう

ここではiDeCoを見ていきましょう。
投資信託に取り組む目的として老後資金の準備を挙げる人は多いと思いますが、iDeCoはそんな人におすすめの制度です。
一見難しそうに見えるかもしれませんが、お得に使っている人も多くいる制度です。

7-01 老後のための投資なら「iDeCo」

投資の目的が「老後のため」という人も多いのですが、そういう人には**iDeCo（イデコ）**という制度もおすすめです

私たちも、老後に漠然とした不安を感じていました。
年金もどれぐらいもらえるかわからないし……

一般的に、そう考えて投資をはじめる人は多いですね。

そんな方のための制度としてiDeCoがあります。
iDeCoは、**老後資金を投資信託などで運用しながらお得に用意するための制度**です

あっ、投資信託で運用するんですね

そうです。
これまでに学習したことが役立ちますよ。

iDeCoには、「**60歳になるまで運用している資産を引き出せない**」などの注意点がありますが、
そもそも投資信託に取り組む目的が老後資金の準備で長期で運用したいという場合は、iDeCoが最適という人もいるでしょう。
ゆとりある老後を送るために、iDeCoの活用を考えてみましょう。

■iDeCoとは？

今や、年金は自分で作るように取り組まなければいけないものに変わってきているという認識を持った方がよい時代です。

そこでできた制度が **iDeCo（イデコ）** です。

iDeCoは「**個人型確定拠出年金**」のことを言い、**自分で作る年金制度**と考えてもらえるとわかりやすいと思います。

年金の意味合いを持つものなので **60歳まで引き出せない**点は注意が必要になります。

それでも、税制面でのメリットが多数あるので、利用価値はある制度と言えるでしょう。

■iDeCoの使い方

iDeCoは金融機関を選び、掛け金と運用商品を決定して月額のお金を拠出※していくことになります。

※年金の加入者が運営者に掛金を払い込むことを拠出と呼ぶ。iDeCoは個人型確定拠出年金の愛称のことなので、ここでは積立ではなく拠出という表現を使用。

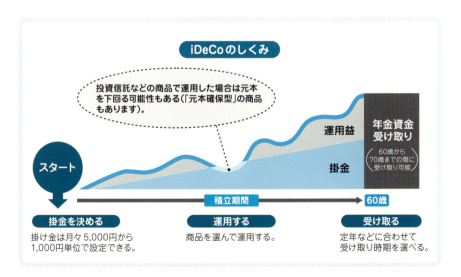

iDeCoの最低積立金額は5,000円で、**積み立てるお金はすべて「所得控除」の対象になり、所得税・住民税が節税できるという大きなメリット**があるのが特徴です。

　例えば、毎月2万円ずつ拠出すると、年で24万円拠出することになります。所得税率を20％とすると年間で4万8,000円になり、これだけのお金を節約できることになります。これを20年間続けると96万円です。

　また、**運用で得た定期預金利息や投資信託運用益も非課税**になります。通常、20.315％が非課税ですから、これもまた大きなメリットですね。

　受け取るときの話では、年金で受け取ると「公的年金等控除」の、一時金で受け取ると「退職所得控除」の対象になり、これもまた税金面で優遇されていると考えることができます。

なるほど。いままでよく知りませんでしたが、iDeCoも使えそうですね

NISA口座とiDeCoもどちらか1つしか使えないんですか？

 NISA口座とiDeCoは両方使えるんですよ

そうなんですか！！

 はい、ただiDeCoは**60歳まで引き出せないので、無理して投資してはいけませ**んよ。
また、金融機関によって取り扱い商品や口座管理手数料が違うことにも注意が必要です

なお、月額の拠出限度額は職種などによって違います。以下のようになっております。

月額の拠出限度額

自営業など（第1号被保険者）
拠出限定額
国民年金基金・付加保険料と合算で
月額 **68,000** 円

会社員（第2号被保険者）

企業年金等に加入している
- 企業型確定拠出年金のみ加入
  拠出限定額 月額 **20,000** 円
- 企業型確定拠出年金以外の企業年金等に加入
  拠出限定額 月額 **12,000** 円

企業年金等に加入していない
月額 **23,000** 円

公務員・私立学校教職員（第2号被保険者）
拠出限定額
月額 **12,000** 円

専業主婦（夫）など（第3号被保険者）
拠出限定額
月額 **23,000** 円

本書は投資信託の書籍なので、駆け足での解説になっていまいましたがiDeCoはとても魅力的な制度です。

ぜひ、金融庁HPで詳しく調べてみてください

金融庁HP：https://www.fsa.go.jp/index.html

おわりに

　いかがでしたでしょうか？

　投資信託についての理解を深めていただくことはできたでしょうか？

　昨今ではしきりに「貯蓄から投資へ」の声が叫ばれ、また年金制度への不信感は募り、自身で老後資金を用意するべきという風潮になってきております。

　投資信託は投資初心者でも取り組みやすいこともあり、またプロに任せるから『安心』と考えやすいため、多くの方が利用しています。

　でも『安心』と『安全』は違います。

　プロが投資しているからと『安心』して投資した人が、大きく損失を体験して『安全』でないことを痛感するケースは本当に多いものなのです。

　あなたの大事なお金がかかっているわけですから、例えプロとはいえお任せしてはいけないのです。

　はっきり申し上げると、投資信託は全く『安全』ではありません！

　勿論、本書を手に取ってくれているあなたは少なからず投資信託に興味があり、そして自身でも理解を深めてから投資しようと勉強熱心な方であることでしょう。

私は証券会社に勤務時代、多くの個人投資家の方にお会いしてきましたが、そうした勉強熱心な人こそ、資産を着実に資産を築き上げていたように思います。

　投資信託に投資するのであれば、少なくとも本書で書いてあることは全て理解してからにしましょう。
　そして、投資する投資信託についてもよく調べ、わからないことは解決してから投資していきましょう。
　ネットが進化している現代では、わからないことでも調べればものの数分程度で解決できることがたくさんあります。

　老後の不安を解消して『安心』できるようになるために、そして、必ずしも『安全』ではないけれども、投資初心者が資産を形成するために適した商品である投資信託の基礎知識を習得するために本書が役立てば、著者としてこれほどの喜びはございません。

　最後になりますが、本書執筆にあたりまして協力いただきました皆様、そして編集の大波さんに感謝を申し上げます。
　ありがとうございました。

梶田洋平

INDEX

数字

4つのリスク	133

アルファベット

ETF	117
EXE-i 先進国株式ファンド	23
iDeCo	230
MRF	116
MSCIコクサイインデックス	74
NISA	195
REIT	97
S&P500	74
TOPIX	71, 74

あ

アクティブ（積極的）運用	75
アクティブファンド	75, 80
一括購入	166
インカムゲイン	26
インデックスファンド	71, 80, 188
インデックスファンドとアクティブファンドの比較	80
打ち切り	42, 227
運用会社	44
運用報告書	158
エマージング債	96
王道の資産形成	184
大型株	79

か

海外株式	92
海外債券	94
解約	40
価格変動リスク	133
株式投資	25
為替変動リスク	94, 134
元本保証	34
期間	53

基準価額	59, 62, 144
キャピタルゲイン	26, 37, 39
金利変動リスク	137
口数	62
組み入れ銘柄	156
積み立て購入	166, 169, 189
繰り上げ償還	42, 227
グロース投資	77
月次レポート	152
源泉徴収	194
口座開設	192
公社債投資信託	116
小型株	79
国内株式	88
国内債券	90
個人型確定拠出年金	231
コスト	124

さ

債券	27
サイト	119
資産構成比率	156
失敗パターン	214
自動積み立て	169, 170
指標	71, 74
シャープレシオ	161
ジュニアNISA	200
純資産総額	61, 144
証券会社	193
上場投資信託	117
所得控除	232
信託銀行	45
信託財産留保額	128
信託報酬	126
信用リスク	136
スポット買い	166
世界経済	190
早期償還	42, 227
ソブリン債	96

た

ダウ平均	74
卵は一つのカゴに盛るな	20
単利	50
地域×投資対象	87
中期国債ファンド	116
通貨選択型	113
つみたてNISA	203
積み立て投資	169
手数料	124
デフォルト	97
投資信託	18, 31
投資信託の注意点	33
投資信託の名称	107
東証株価指数	71, 74
投信まとなび	120
騰落率	156
特定口座	194
特別分配金	111
トップダウン	78
ドルコスト平均法	169, 189
トータルリターン	39

な

名前	107
日経225	74
日経平均株価	71, 74
ネット証券	193
年金	231
年齢と投資の関係	182
乗り換え	130
ノーロード	74

は

ハイイールド債	96
パッシブ（消極的）運用	74
バランス型投資信託	101
バリュー投資	77

販売会社	44
販売手数料	125
パンフレット	139
ひふみ投信	22
ファミリーファンド	85
ファンドオブファンズ	86
ファンドマネージャー	30
ファンドマネージャーのコメント	156
ファンドラップ	105
複利	50, 110
不動産投資信託	97
分散型（バランス型）投資信託	101
分散投資	20, 55
分配型の投資信託	108
分配金	38, 108
分配金を再投資する	110
ベンチマーク	72, 81
ベンチマークとの乖離	155
ボトムアップ	78
ポートフォリオ	174, 180

ま

マネーリザーブファンド	116
満期償還	41
マンスリーレポート	152
目論見書	159
モーニングスター	119

ら

ランキング	220
リスク	131, 133
リバランス	178
利回り	39
レバレッジ型投資信託	118

動画講座 無料プレゼント!
「投資信託の積み立て投資を始めるまで講座」

　本書では、資産を形成するために効果的な方法として投資信託の積み立て投資をおすすめしてきました。

　きっと積み立て投資についての理解を深めて
「資産を形成してやるぞ!」
とやる気になっている方も多いことでしょう。

　でも、本を読んだ直後にはやる気になったものの、結局何もせずに何年も過ぎてしまうという人は多いものなのです。
　積み立て投資は一般的に早く始めたほうが長く投資できるので有利と考えることができます。
　5年後、10年後ではなく本を読んだ直後の今の気持ちを大切にしてもらいたいという想いから、今回著者の梶田による無料動画講座を用意しました。
　この動画を受講することで

- 積み立て投資に取り組む手順がわかる
- 事前準備がわかる
- 資産を形成するまでをイメージできる
- 早速、積み立て投資を始めようと行動に移せる

といった効果を実感していただけることでしょう。

無料動画をご視聴いただくためには以下のURLにて、メールアドレスをご登録ください（パソコンで使うメールアドレスがおすすめです）。

入力後3分程度で無料動画講座をお送りさせていただきます。

投資信託の積み立て投資を始めるまで講座

➡ http://fastbook.work/toushin/

本書、そして無料動画講座があなたの投資生活になんらかのプラスをもたらすことができれば嬉しいです。

動画講座の視聴、心よりお待ちしております！

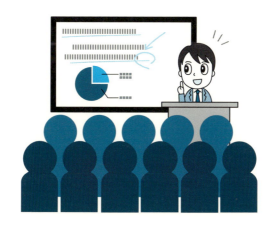

本書について

本書に記載されている会社名、サービス名などは関係各社の登録商標または商標であることを明記して、本文中での表記を省略させていただきます。

本書は投資の参考となる情報提供、技術解説を目的としています。投資の意思決定、最終判断はご自身の責任において行ってください。

本書に掲載した情報に基づいた投資結果に関しましては、著者および株式会社ソーテック社はいかなる場合においても責任は負わないものとします。また、本書は執筆時点（2018年8月現在）の情報をもとに作成しています。掲載情報につきましては、ご利用時には変更されている場合もありますので、あらかじめご了承ください。以上の注意事項をご承諾いただいたうえで、本書をご利用願います。

本書の制作にあたっては、正確な記述に努めていますが、内容に誤りや不正確な記述がある場合も、著者および当社は一切責任を負いません。

本書内容に関するお問い合わせについて

弊社 Web サイトのサポートページをご確認ください。
これまでに判明した正誤や追加情報などが掲載されています。

サポートページ▶ http://www.sotechsha.co.jp/sp/2061/

7日でマスター
投資信託がおもしろいくらいわかる本

2018年10月31日　初版　第1刷発行

著　者	株勉強.com代表 梶田洋平
装　丁	植竹裕（UeDESIGN）
発行人	柳澤淳一
編集人	福田清峰
発行所	株式会社　ソーテック社
	〒102-0072　東京都千代田区飯田橋4-9-5　スギタビル4F
	電話（注文専用）03-3262-5320　FAX03-3262-5326
印刷所	図書印刷株式会社

©2018 Yohei Kajita
Printed in Japan
ISBN978-4-8007-2061-0

本書の一部または全部について個人で使用する以外著作権上、株式会社ソーテック社および著作権者の承諾を得ずに無断で複写・複製することは禁じられています。
本書に対する質問は電話では受け付けておりません。
内容の誤り、内容についての質問がございましたら切手・返信用封筒を同封のうえ、弊社までご送付ください。
乱丁・落丁本はお取り替え致します。

本書のご感想・ご意見・ご指摘は
http://www.sotechsha.co.jp/dokusha/
にて受け付けております。Webサイトでは質問は一切受け付けておりません。